あの子の発達障害がわかる本

1

ちょっとふしぎ 自閉スペクトラム症 ASDのおともだち

内山登紀夫＝監修

ミネルヴァ書房

はじめに

あなたのまわりに、理解《りかい》できない行動が多い、ちょっと変わったおともだちはいませんか?

得意なことと苦手なことのでこぼこが激しかったり、マイペースで自由な行動が目立ったり、人の話は聞かず自分が好きなことばかり一方的に話し続けたり、ルールにこだわりすぎて融通《ゆうずう》がきかなかったり……。ひょっとしたら「わがまま!」「マイペースすぎる」「自分勝手《かって》!」と、腹が立つ場面もあるかもしれません。

でも、ちょっと待って。不思議に思えるその行動の背景《はいけい》には、もしかしたら自閉スペクトラム症(ASD)という特性がかくれているのかもしれません。

自閉スペクトラム症の人は、生まれつきものの感じ方やとらえ方が、多くの人たちとちがっています。そのため、まわりの人たちとうまくつきあえなかったり、みんながあたりまえに理解していることがわかってなかったり、学校や毎日の生活で苦労していることがあります。

つまり、あなたが自閉スペクトラム症の人の行動にとまどっているとしたら、その人もどうふるまえばみんなとなかよくできるのかわからず、困っているかもしれないのです。

自閉スペクトラム症の人たちがどんなふうに感じているのかを知ってほしくて、この本をつくりました。おたがいのちがいを知り、つきあい方を考えてみることで、みんなが楽しく暮らしていける解決法がみつかるかもしれません。もしかしたら、「あれっ? そういえば自分にも似たところがあるな」と、新しい発見があるかもしれません。

ぜひ、「あの子に似ているな」「わたしだったらこうするかも」と、想像力をふくらませながら読んでみてください。

【もくじ】

第1章 なんでこうなるの？ どうすればいい？

第2章 どこがちがうの？　自閉スペクトラム症の子の見え方・感じ方

《この本の構成》

第1章　なんでこうなるの？　どうすればいい？

自閉スペクトラム症の子の行動の背景《はいけい》にある感じ方やとらえ方を知るための章です。
5人のおともだちの不思議な行動について紹介《しょうかい》しています。

さいしょのページ

みんなが
「困ったな」「何でそうなるの？」と
とまどってしまう場面を、
紹介しています。

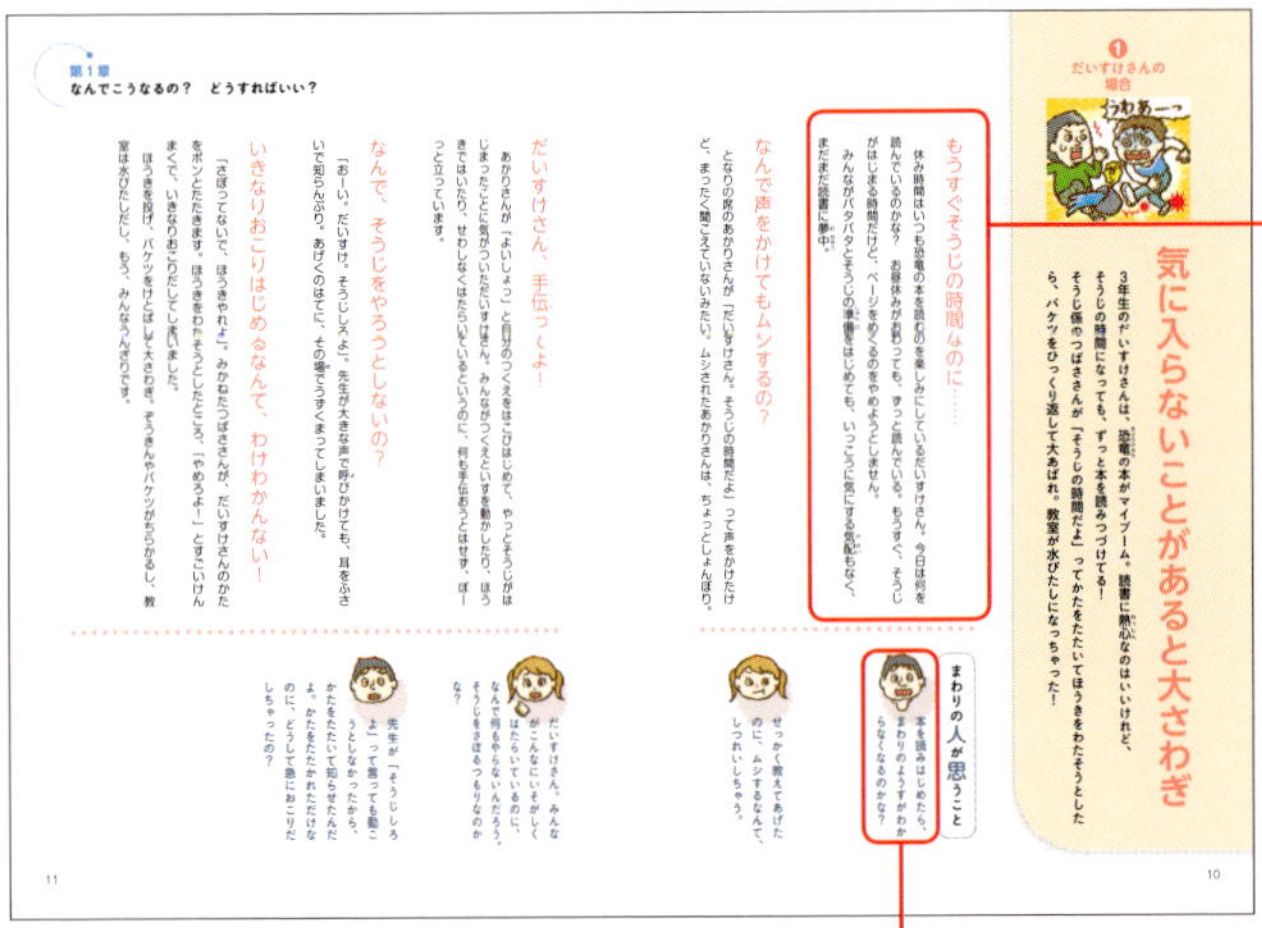
第1章
なんでこうなるの？　どうすればいい？

1 だいすけさんの場合

気に入らないことがあると大さわぎ

3年生のだいすけさんは、恐竜の本がマイブーム。読書に熱心なのはいいけれど、そうじの時間になっても、ずっと本を読みつづけてる！
そうじ係のつばささんが「そうじの時間だよ」ってかたをたたいてほうきをわたそうとしたら、バケツをひっくり返して大あばれ。教室が水びたしになっちゃった！

もうすぐそうじの時間なのに……

休み時間はいつも恐竜の本を読むのを楽しみにしているだいすけさん。今日は何を読んでいるのかな？　お昼休みが終わっても、ずっと読んでいる。もうすぐ、そうじがはじまる時間だけど、ページをめくるのをやめようとしません。
みんながバタバタとそうじの準備をはじめても、いっこうに気にする気配もなく、まだまだ読書に夢中。

なんで声をかけてもムシするの？

となりの席のあかりさんが「だいすけさん。そうじの時間だよ」って声をかけたけど、まったく聞こえていないみたい。ムシされたあかりさんは、ちょっとしょんぼり。

だいすけさん、手伝ってよ！

あかりさんが「よいしょっ」と自分のつくえをはこびはじめて、やっとそうじがはじまったことに気がついただいすけさん。みんながつくえといすを動かしたり、ほうきではいたり、せわしなくはたらいているというのに、何も手伝おうとはせず、ぼーっと立っています。

なんで、そうじをやろうとしないの？

「おーい。だいすけ。そうじしろよ」。先生が大きな声で呼びかけても、耳をふさいで知らんぷり。あげくのはてに、その場でうずくまってしまいました。

いきなりおこりはじめるなんて、わけわかんない！

「さぼってないで、ほうきやれよ」。みかねたつばささんが、だいすけさんのかたをポンとたたきます。ほうきをわたそうとしたところ、「やめろよ！」とすごいけんまくで、いきなりおこりだしてしまいました。
ほうきを投げ、バケツをけとばして大さわぎ。ぞうきんやバケツがちらかるし、教室は水びたしだし、もう、みんなうんざりです。

まわりの人が思うこと

本を読みはじめたら、まわりのようすがわからなくなるのかな？

せっかく教えてあげたのに、ムシするなんて、しつれいしちゃう。

だいすけさん、みんながこんなにいそがしくはたらいているのに、なんで何もやらないんだろう。そうじをさぼるつもりなのかな？

先生が「そうじしろよ」って言っても動こうとしなかったから、かたをたたいて知らせたんだよ。かたをたたかれただけなのに、どうして急におこりだしちゃったの？

11　10

よくあるエピソードを紹介しています。

その場にいた、みんなの感想です。

つぎのページ

どうしてそうなってしまったのか、
自閉スペクトラム症のおともだちが
どんなふうに感じていたのか、
本人の視点で解説します。

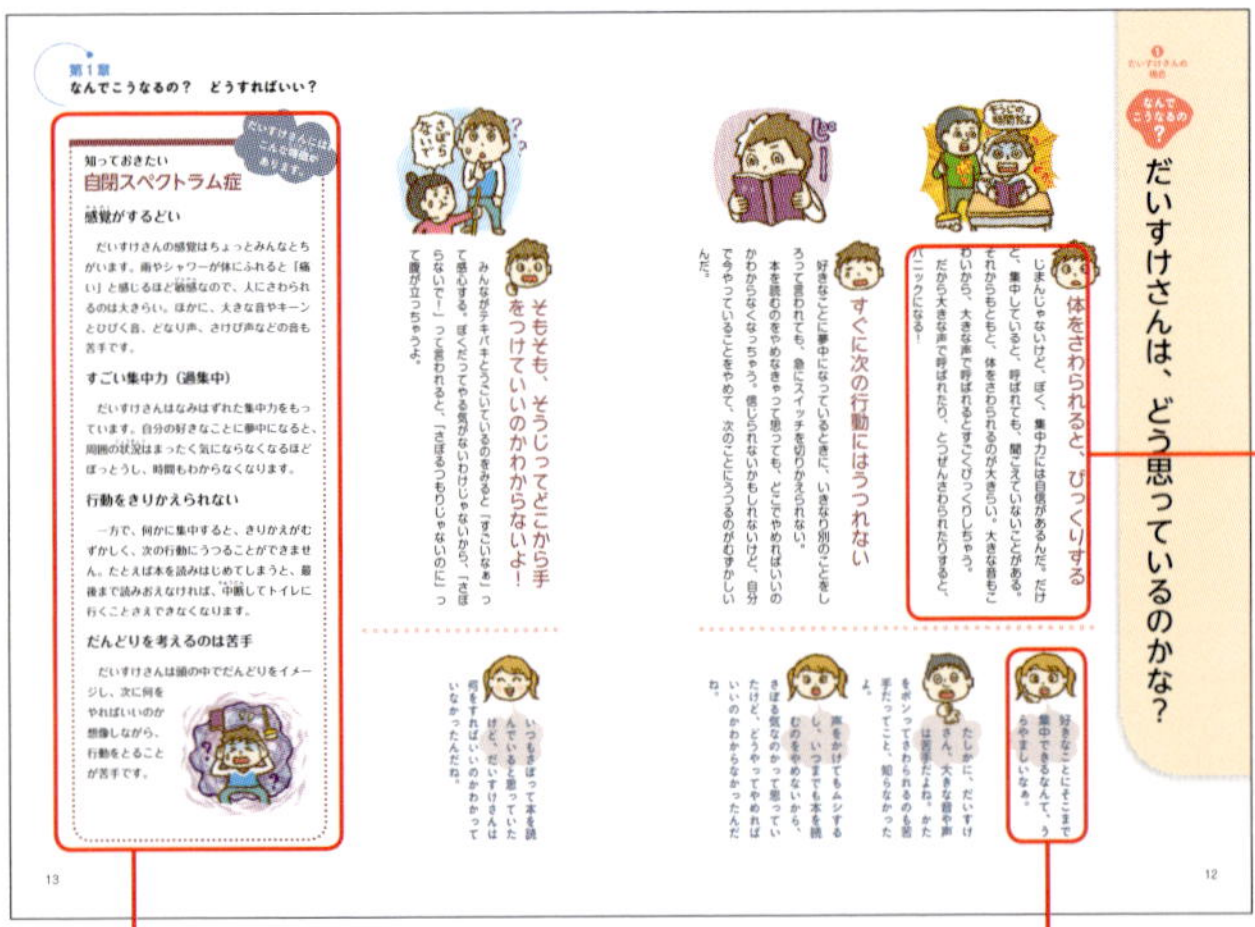
第1章
なんでこうなるの？　どうすればいい？

1 だいすけさんの場合

なんでこうなるの？

だいすけさんは、どう思っているのかな？

体をさわられると、びっくりする

じまんじゃないけど、ぼく、集中力には自信があるんだ。だけど、集中していると、呼ばれても、聞こえていないことがある。それからもともと、体をさわられるのが大きらい。大きな音もこわいから、大きな声で呼ばれるとすごくびっくりしちゃう。
だから大きな声で呼ばれたり、とつぜんさわられたりすると、パニックになる！

すぐに次の行動にはうつれない

好きなことに夢中になっているときに、いきなり別のことをしろって言われても、急にスイッチを切りかえられない。
本を読むのをやめなきゃって思っても、どこでやめればいいのかわからなくなっちゃう。信じられないかもしれないけど、自分で今やっていることをやめて、次のことにうつるのがむずかしいんだ。

そもそも、そうじってどこから手をつけていいのかわからないよ！

みんながテキパキとうごいているのをみると「すごいなぁ」って感心する。ぼくだってやる気がないわけじゃないから、「さぼらないで！」って言われると、「さぼるつもりじゃないのに」って腹が立っちゃうよ。

好きなことにそこまで集中できるなんて、うらやましいなぁ。

たしかに、だいすけさん、大きな音や声は苦手だよね。かたをポンってさわられるのも苦手だってこと、知らなかったよ。

声をかけてもムシするし、いつまでも本を読むのをやめないから、さぼる気なのかって思っていたけど、どうやってやめればいいのかわからなかったんだね。

いつもさぼって本を読んでいると思っていたけど、だいすけさんは何をすればいいのかわかっていなかったんだね。

知っておきたい
自閉スペクトラム症

感覚がするどい

だいすけさんの感覚はちょっとみんなとちがいます。雨やシャワーが体にふれると「痛い」と感じるほど敏感なので、人にさわられるのは大きらい。ほかに、大きな音やキーンとひびく音、どなり声、さけび声などの音も苦手です。

すごい集中力（過集中）

だいすけさんはなみはずれた集中力をもっています。自分の好きなことに夢中になると、周囲の状況はまったく気にならなくなるほどぼっとうし、時間もわからなくなります。

行動をきりかえられない

一方で、何かに集中すると、きりかえがむずかしく、次の行動にうつることができません。たとえば本を読みはじめてしまうと、最後まで読みおえなければ、中断してトイレに行くことさえできなくなります。

だんどりを考えるのは苦手

だいすけさんは頭の中でだんどりをイメージし、次に何をやればいいのか想像しながら、行動をとることが苦手です。

13　12

自閉スペクトラム症の子の、心の声を表しています。

エピソードをふりかえりながら、自閉スペクトラム症の特性を解説します。

自閉スペクトラム症の子のとらえ方を知って、みんなが感じたことです。

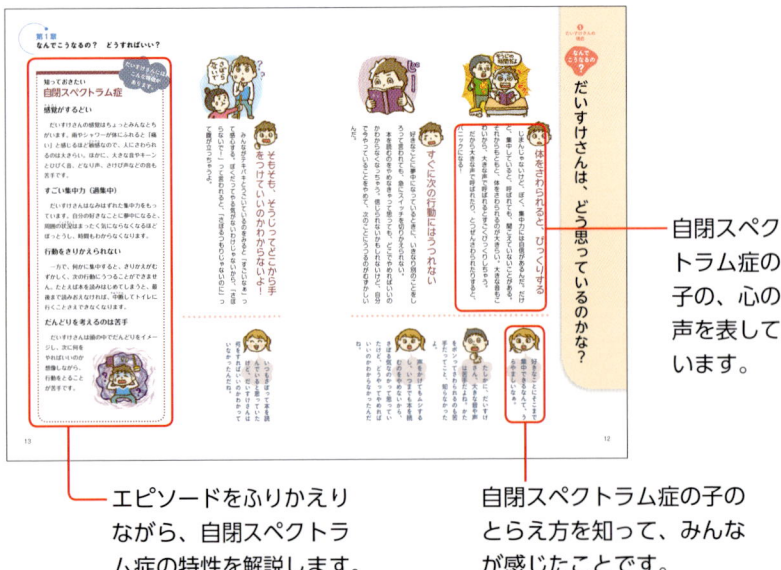

さいごのページ

どうすればうまくいくのか、どんな工夫ができるのかを考えてみます。

その子の特性をふまえて、うまくいきそうな方法を紹介しています。

自閉スペクトラム症の子の感想を言葉《ことば》に表しています。

理解《りかい》を深めるために、とくにおさえておきたい大切なポイントをおさらいしています。

第2章 どこがちがうの？ 自閉スペクトラム症の子の見え方・感じ方

この章では、自閉スペクトラム症について、さらにくわしく解説しています。

❶では自閉スペクトラム症はどのような障害なのか、その特徴《とくちょう》を紹介しています。

❷では、自閉スペクトラム症の子の見え方・感じ方が多くの人とどんなふうにちがうのか、解説します。

この本に出てくる おともだち 紹介《しょうかい》

5年生 あすかさん

アニメとゲームにくわしくて、
絵をかくのが得意。
女の子どうしのおしゃべりや
グループでの行動が苦手。
あだなは「不思議ちゃん」。
ちょっと変わった子だと
思われている。

6年生 てつおさん

ちょっとマイペースで
ガンコなところがあり、
ときどきまわりを困らせているが
成績《せいせき》はクラスでナンバーワン！
好奇心《こうきしん》おうせいでものしり。
とくに電車や虫にくわしく、
「博士《はかせ》」とよばれている。

3年生 だいすけさん

元気いっぱい。
ダジャレと恐竜《きょうりゅう》が
大好き。
べんきょうは苦手。
ときどき、イラッとして、
あばれちゃうこともあるけど、
根は心やさしき、いいやつ。

4年生 すみれさん

とてもやさしい性格だけど、
ものしずかで、ひっこみじあん。
自分のことを話したり、
意見《いけん》を言うのは苦手。
心配性《しんぱいしょう》で、落ちこみやすく、
ちょっとしたことで、
くよくよ悩んでしまう。

5年生 そうたさん

特別支援学級《とくべつしえんがっきゅう》
「ひまわり組」に在籍《ざいせき》。
ひとなつこくて、いつもニコニコ。
ものを色別《いろべつ》に並べたり、
順番《じゅんばん》をおぼえるのが得意。
人の話は聞こえているみたいだけど、
ほとんど会話にならない。

第1章
なんでこうなるの？どうすればいい？

「ちょっと変！」「マイペースすぎる」「どこかおかしい」……。
そんなあの子の行動には、何か理由があるのかもしれません。
みんなが不思議に思う自閉スペクトラム症の行動について、
本人がどう思っているのか心の声に耳をかたむけ、
どうすればうまくいくのか、いっしょに考えてみましょう。

1 だいすけさんの場合

気に入らないことがあると大さわぎ

3年生のだいすけさんは、恐竜《きょうりゅう》の本がマイブーム。読書に熱心《ねっしん》なのはいいけれど、そうじの時間になっても、ずっと本を読みつづけてる！　そうじ係のつばささんが「そうじの時間だよ」ってかたをたたいてほうきをわたそうとしたら、バケツをひっくり返して大あばれ。教室が水びたしになっちゃった！

もうすぐそうじの時間なのに……

休み時間はいつも恐竜の本を読むのを楽しみにしているだいすけさん。今日は何を読んでいるのかな？　お昼休みがおわっても、ずっと読んでいる。もうすぐ、そうじがはじまる時間だけど、ページをめくるのをやめようとしません。

みんながバタバタとそうじの準備《じゅんび》をはじめても、いっこうに気にする気配《けはい》もなく、まだまだ読書に夢中《むちゅう》。

なんで声をかけてもムシするの？

となりの席のあかりさんが「だいすけさん。そうじの時間だよ」って声をかけたけど、まったく聞こえていないみたい。ムシされたあかりさんは、ちょっとしょんぼり。

まわりの人が思うこと

本を読みはじめたら、まわりのようすがわからなくなるのかな？

せっかく教えてあげたのに、ムシするなんて、しつれいしちゃう。

だいすけさん、手伝《てつだ》ってよ！

あかりさんが「よいしょっ」と自分のつくえをはこびはじめて、やっとそうじがはじまったことに気がついただいすけさん。みんながつくえといすを動かしたり、ほうきではいたり、せわしなくはたらいているというのに、何も手伝おうとはせず、ぼーっと立っています。

なんで、そうじをやろうとしないの？

「おーい。だいすけ。そうじしろよ」。先生が大きな声で呼《よ》びかけても、耳をふさいで知らんぷり。あげくのはてに、その場《ば》でうずくまってしまいました。

いきなりおこりはじめるなんて、わけわかんない！

「さぼってないで、ほうきやれよ」。みかねたつばささんが、だいすけさんのかたをポンとたたきます。ほうきをわたそうとしたところ、「やめろよ！」とすごいけんまくで、いきなりおこりだしてしまいました。

ほうきを投げ、バケツをけとばして大さわぎ。ぞうきんやバケツがちらかるし、教室は水びたしだし、もう、みんなうんざりです。

だいすけさん。みんながこんなにいそがしくはたらいているのに、なんで何もやらないんだろう。そうじをさぼるつもりなのかな？

先生が「そうじしろよ」って言っても動こうとしなかったから、かたをたたいて知らせたんだよ。かたをたたかれただけなのに、どうして急におこりだしちゃったの？

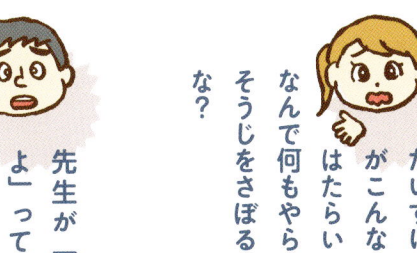

1 だいすけさんの場合

なんでこうなるの?

だいすけさんは、どう思っているのかな?

体をさわられると、びっくりする

じまんじゃないけど、ぼく、集中力には自信があるんだ。だけど、集中していると、呼ばれても、聞こえていないことがある。それからもともと、体をさわられるのが大きらい。大きな音もこわいから、大きな声で呼ばれるとすごくびっくりしちゃう。だから大きな声で呼ばれたり、とつぜんさわられたりすると、パニックになる!

すぐに次の行動にはうつれない

好きなことに夢中になっているときに、いきなり別のことをしろって言われても、急にスイッチを切りかえられない。

本を読むのをやめなきゃって思っても、どこでやめればいいのかわからなくなっちゃう。信じられないかもしれないけど、自分で今やっていることをやめて、次のことにうつるのがむずかしいんだ。

好きなことにそこまで集中できるなんて、うらやましいなぁ。

たしかに、だいすけさん、大きな音や声は苦手だよね。かたをポンってさわられるのも苦手だってこと、知らなかったよ。

声をかけてもムシするし、いつまでも本を読むのをやめないから、さぼる気なのかって思っていたけど、どうやってやめればいいのかわからなかったんだね。

だいすけさんには、こんな特徴《とくちょう》があります。

知っておきたい
自閉スペクトラム症

感覚《かんかく》がするどい

だいすけさんの感覚はちょっとみんなとちがいます。雨やシャワーが体にふれると「痛い」と感じるほど敏感《びんかん》なので、人にさわられるのは大きらい。ほかに、大きな音やキーンとひびく音、どなり声、さけび声などの音も苦手です。

すごい集中力（過集中）

だいすけさんはなみはずれた集中力をもっています。自分の好きなことに夢中になると、周囲の状況《じょうきょう》はまったく気にならなくなるほどぼっとうし、時間もわからなくなります。

行動をきりかえられない

一方で、何かに集中すると、きりかえがむずかしく、次の行動にうつることができません。たとえば本を読みはじめてしまうと、最後まで読みおえなければ、中断《ちゅうだん》してトイレに行くことさえできなくなります。

だんどりを考えるのは苦手

だいすけさんは頭の中でだんどりをイメージし、次に何をやればいいのか想像しながら、行動をとることが苦手です。

そもそも、そうじってどこから手をつけていいのかわからないよ!

みんながテキパキとうごいているのをみると「すごいなぁ」って感心する。ぼくだってやる気がないわけじゃないから、「さぼらないで!」って言われると、「さぼるつもりじゃないのに」って腹が立っちゃうよ。

いつもさぼって本を読んでいると思っていたけど、だいすけさんは何をすればいいのかわかっていなかったんだね。

1
だいすけさんの場合

こうすれば、うまくいきそう！

1 あらかじめ、予定を伝えておく

その日の予定がわかるように、毎日のスケジュール表をつくってわたすことにしました。予定がかわった場合や、いつもとちがう行事がある場合は、かならずスケジュール表に書きこみ、「今日は1時からそうじがあるよ」などと伝え確認《かくにん》しておくと、だいすけさんも安心できます。

「1時からそうじがある」とわかっていれば、その心づもりができて、気持ちのくぎりがつけやすいな。

2 時間になる前に、おだやかに声をかける

だいすけさんが次の行動にうつりやすいように、そうじがはじまる前に、「あと10分で1時になるから、そうじがはじまるよ」「そろそろ準備をしようね」などと予告します。時間になったら「1時になったよ」と声をかけましょう。

集中していると時間がわからなくなってしまうことがあるから、「あと10分」と教えてもらえると、とても助かる！

CHECK POINT

パニックには、理由がある!!

　自閉スペクトラム症の子がパニックをおこしたり、あばれてしまったりする背景《はいけい》には、かならず何らかの理由があります。その理由を考えてみましょう。

❶音・光など感覚過敏《かびん》の子が苦手な環境《かんきょう》になっていないか。

❷いきなりかたをたたく、うしろから声をかけるなど、いやがることをしていないか。

❸「今何をする時間なのか」「本人が何をすればいいのか」という情報《じょうほう》が、本人にわかりやすく伝わっているか（本人が状況を理解《りかい》できているか）。

❹本人がスムーズに行動できるよう、声かけができているか。

3
そうじのやり方を紙に書いてわたす

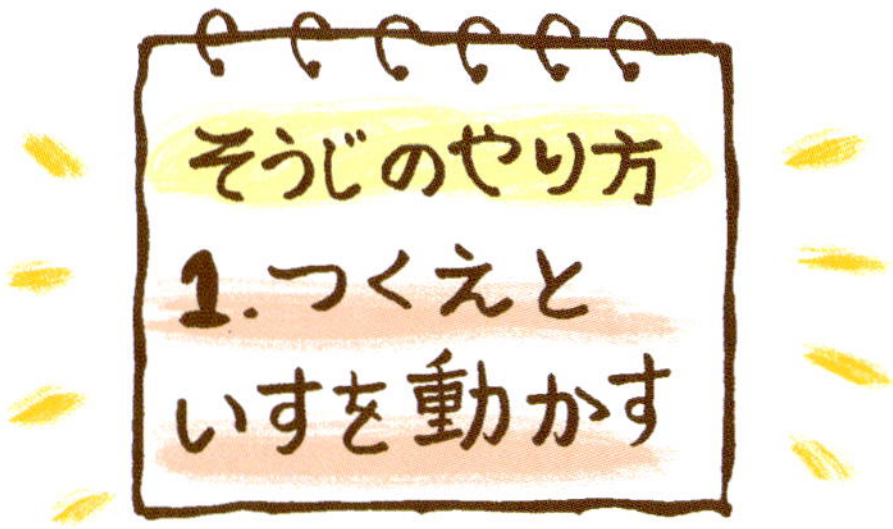

1．つくえといすを動かす
2．ほうきではく
3．ごみを集めてすてる
4．つくえといすを元にもどす
5．つくえをぞうきんでふく

など、そうじの手順《てじゅん》を紙に書いてわたし、「今からゆかをほうきではいてね」と、具体《ぐたい》的《てき》にだいすけさんにやってほしいことを伝えるようにしました。

そうじの手順と、自分の役割がわかったら、とまどうことが少なくなったよ。

2
だいすけさんの場合

授業《じゅぎょう》やべんきょうに集中できない！

国語の授業中。だいすけさんは、ずっととなりの席のあかりさんに話しかけてる。
国語はきらいなのかな？　授業に集中できないのかな？
先生が質問《しつもん》したけど、とんちんかんな答えで、クラス中が大笑い。
そしたらプンプンおこって、だいすけさんは教室を出て行っちゃった！

授業中なのに、どうして関係ない話をするの？

いつも元気いっぱいのだいすけさんだけど、べんきょうはあんまり好きじゃないみたい。国語の授業中なのに、となりの席のあかりさんに話しかけてきた。「食べると安心するケーキはなーんだ？」だって。今は、なぞなぞの時間じゃないでしょう！

だいすけさん、教科書《きょうかしょ》を読む時間だよ！

「教科書を読んで、どうしてこの主人公がかなしくなったのか、気持ちを想像してみてください」。みんながいっせいに教科書を読みはじめます。だけど、だいすけさんは集中して読むことができないみたい。とちゅうで読むのをやめてしまって、そわそわ、キョロキョロ。

まわりの人が思うこと

どうしてなぞなぞなんて出してくるの？　今は休み時間じゃないんだよ。

だいすけさんは恐竜《きょうりゅう》の本を読むのは好きなのに、国語の教科書を読むのはきらいなのかな。

勝手《かって》に席を立つなんて、信じられない

あかりさんもなぞなぞに答えてくれないから、だいすけさんは退屈しちゃったのかな？　授業中なのに席を立ち、ぐるぐる教室を歩き回りはじめました。「だいすけさん。席にもどって、教科書を読んでね」。みかねた先生が注意します。

ちゃんと、教科書を読んでいなかったのかな？

「みんな考えてみたかな？　それじゃあ、だいすけさん。どうしてかなしくなったのだと思う？」、先生が質問します。

いきなり、あてられただいすけさんはあたふた。教科書をちゃんと読んでいなかったのか、答えることができません。「えっと……。えっと……」。

ダジャレで答えて、まさかの教室脱出《だっしゅつ》！

「かなしく、かなしく……。カーなし。わかった！　車がなくなったから！」。なんと、ダジャレで答えたので、クラスのみんなは大笑い。先生はあきれてぽかーん。「だいすけさん。まじめに答えましょう」。やさしく注意したのだけど、「うるさい！」と、なぜか、だいすけさんは逆ぎれ。教室を出て行ってしまいました。

授業中なのに、どうして勝手に席を立って、歩き回っちゃうのかな。ちょっとめいわくだよ。

授業に参加《さんか》できていなかったから、参加してもらいたくて、あててみたんだけど……。

先生に質問されたときの、だいすけさんの答えって、いつもおもしろい。だけど、なんでおこっちゃったのかな？

❷ だいすけさんの場合

なんでこうなるの？

だいすけさんは、どう思っているのかな？

わからない授業には集中できないよ

ぼくは、恐竜や虫の名前をおぼえるのは得意だけど、長い文を読むのはどうも苦手なんだ。とくに国語の授業は、何を言われているのかさっぱりわからない。

長い文章を読んだり、先生の説明や指示《しじ》を聞くのはとても苦手

先生に言葉《ことば》だけで説明されたり、指示されたりしても、何をすればいいのかわからないし、どんどん、ついていけなくなっちゃう。集中できないと、ついついちがうことを考えちゃうし、おしゃべりしてしまうんだ。

いきなり教科書を読めって言われても、いったいどこを読めばいいの？　ぼくには、むずかしすぎるよ。

たしかに、だいすけさん。記憶力はすごいわよ。たくさん虫の名前を知っているし、クイズ王になれるくらい、いろんなことにくわしいの。

言葉で説明するだけじゃ、内容がわからないって、どういうことなのかな。そういえば、だいすけさんは物語を読むのも苦手だって言っていたよね。

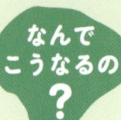

だいすけさんには、こんな特徴《とくちょう》があります。

知っておきたい
自閉スペクトラム症

集中力にムラがある

なみはずれた集中力をもっているだいすけさんですが、どんな場面でもその力を発揮《はっき》できるわけではありません。自分の苦手なことやわからないことに直面《ちょくめん》すると、集中力のスイッチを入れることができなくなり、しばしばとちゅうで投げ出してしまいます。

耳から聞き理解《りかい》することが苦手

だいすけさんは「恐竜の色や形」と「名前」をおぼえるなど目でみたことを記憶《きおく》するのは得意ですが、耳から聞いた話やたくさんの指示を理解することが苦手です。たとえば先生が言葉だけで、「教科書を読んで」「主人公の気持ちを想像して」「どうしてかなしかったのか考えましょう」という３つの指示を一度に出してしまうと、何をすればいいのかわからなくなってしまいます。

長い文や物語を読み取るのも苦手

登場人物の気持ちを想像しながらストーリーを追うことも苦手なので、長い物語などからポイントを読み取ることができません。一方で、ダジャレやなぞなぞ、ことわざなど「ことば遊び」は大好き。とてもむずかしいことわざを知っていたりするのでギャップがあり、「わかっているはず」とまわりから誤解されてしまいます。

なんで笑うの？　ぼくは、ふざけたんじゃない！

ふざけてるって思われたみたいだけどぼくは「答えなきゃ」って必死だったんだ。

みんな笑うし、先生はおこるし、どうしていいのかわからなくなり「ぼくなんか授業のじゃまだし、教室にいないほうがいいんだ」ってかなしくなった。

まじめに授業に参加してくれない困った子だと思っていたけど、実は何をすればいいのか、わかっていなかったのね。気づかなくて、ごめんなさい。

❷ だいすけさんの場合

こうすれば、うまくいきそう！

1
絵や写真を使って、授業をわかりやすく

授業のポイントが目でみてわかるように、絵や写真を使うことにしました。たとえば国語の授業で、長い物語を読まなければならない場合、だいすけさんがイメージしやすいように登場人物を絵で示したり、時系列《じけいれつ》でストーリーを整理《せいり》して伝えたりするように工夫しています。

主人公がだれで、だれとだれがどういう関係なのか、まったくわかっていなかったら、絵にかいて教えてもらってよかったよ。

2
集中力が続くよう、授業にメリハリをつける

集中力のスイッチがオフになってしまわないよう、時間をくぎり、あきてきたときには漢字の書きとりをやるなど、授業にメリハリをつけるように考えました。

わからないことばかり続いてるとあきちゃうけど、漢字のテストはおもしろくて、好きなんだ。

CHECK POINT

授業に参加できない　その理由を考えてみましょう

おしゃべりしたり、立ち歩いたり、授業を妨害《ぼうがい》してしまうのは、けっして悪気《わるぎ》があるわけではありません。理由を考え、授業に参加できるよう工夫してみましょう。

授業中…！
スタスター

❶やってほしいことを整理して、黒板やプリントに書いて示しているか。言葉だけで、わかりにくい指示を出していないか。

❷「いま何をする時間なのか」「本人が何をすればいいのか」という情報《じょうほう》が、本人にわかりやすく伝わっているか（本人が状況《じょうきょう》を理解できているか）。

❸イメージしやすいよう絵や写真を使うなど、ヒントが出せているか。

❹集中力が続くよう授業にメリハリがあるか（苦手なことばかり続いていないか）。

3 やってほしいことは、順番《じゅんばん》に黒板に書く

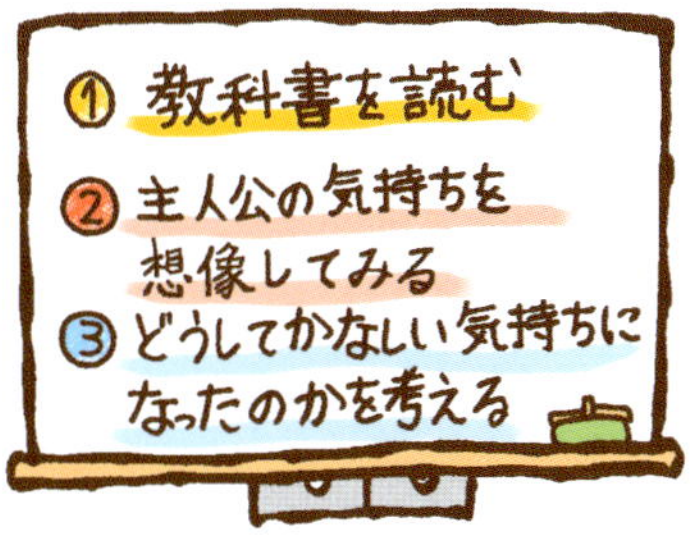
① 教科書を読む
② 主人公の気持ちを想像してみる
③ どうしてかなしい気持ちになったのかを考える

「主人公の気持ちを想像する」のがむずかしい場合は、「教科書の〇ページの□行目を書き写して」など、別の課題をやってもらいました。やってほしいことのだんどりを整理して、黒板に書くようにしました。どこを読めばいいのかわからず困っている場合は、「教科書の〇ページを読んでみて」などヒントを出すと、だいすけさんも取り組みやすくなりました。

黒板に書いてもらえると、言われたことを忘れないから助かる！　長い文を読んでもちっとも頭に入ってこなくて困っていたから、ヒントを出してもらえて、やっと先生の質問の意味がわかったよ。

3
あすかさんの場合

グループ行動で迷子《まいご》に!?

5年生のあすかさん。グループで町のお店を調べる「調べ学習」のときのこと。みんなでいっしょに歩かなきゃいけないのに、いつのまにかいなくなった！「え？　迷子?」って、みんな心配《しんぱい》してさがしたのに、やっと見つけたら、「大好きなゲームのお店があったから」だって。どういうつもり!?

「調べ学習」の時間だって、わかっているよね？

今日「調べ学習」をすることは前から決まっていました。だから、みんなはわくわく、楽しみにしていました。あすかさんも、班長のみかさんが「今日は楽しみね」と言ったとき、「うん！」と元気に答えていたのに……。

みんなで町へ歩いて行くときも、なんだか楽しくなさそう

とにかく町まで歩いて行こうということで、歩きはじめましたが、あすかさんはうかない顔です。みらいさんが「こっちの道が近いのよ」と案内してくれ、みんなはそれにしたがうことにしました。でも、あすかさんは「わたし、いつもの道順じゃないと、行けない」なんて、よくわからないわがままを言い出しました。「え？　何言っ

まわりの人が思うこと

みんなで協力しないといけないのに、やりたくないの？　つまらないの？

いつもの道順じゃないと行けないって、どういうこと？

ているの？　ムシ、ムシ」。みんなはずんずん進みます。

どっか行っちゃった！　まさか、迷子!?

そして、「あそこの八百屋さんで話を聞こう！」と、班長のみかさんが言い出したとき、「大変、あすかちゃんがいない！」

あすかさんはどこに行ってしまったのでしょうか。みんなは、あわててあすかさんをさがすことにしました。八百屋さんへのインタビューはひとまずおあずけです。

何かあったの？　心配……

みんなは心配になりました。「あすかちゃーん！」と呼《よ》びながらさがします。来た道をもどってさがす組と、八百屋さんのまわりをさがす組にわかれてさがしました。

みんなに心配かけたのに

「あすかちゃん！　何してるの!?」見つけたみらいさんがさけびます。あすかさんたら、さっきの曲がり角にあったおもちゃ屋さんの店先で、熱心《ねっしん》にゲームソフトのパッケージを見ているのです。そして、平気な顔で「どしたの？」ですって。

「もう、あすかちゃんたら、さがしたんだから！」「だって、大好きなゲームのお店があったから」……みんな、一気に力がぬけてしまいました。

あすかちゃんおこってどこかに行っちゃったのかな？　それともどこか具合が悪かったのかな？

そういえば、さっき歩いているとき、ゲームのお店を気にしてたよね……。

迷子になったのに、みんながさがしに行ってもあやまらないのはどうして？

3 あすかさんの場合

なんでこうなるの？

あすかさんは、どう思っているのかな？

「調べ学習」の時間って何するの？ わたしはどうしたらいいの？

「調べ学習」って、そのときそのときでやることがちがうでしょう？　毎回ちがうことがおこるし。それにみんなで協力するのがいいことだとわかっているけど、じゃあ、私は何をどうすればいいのか、わからない。だいいち、グループで行動するのは苦手。だれが言ったことに返事をして、どう動いたらいいか、すぐにはわからないの……。

いつもの道順じゃないと不安でしょうがないの

わたしは、どこかに行くとき、いつも同じ道順で行くよ。いつもとちがう道は、何がおこるかわからないから不安なの。だから、みんなに言ったのに。聞いてくれなかった……。

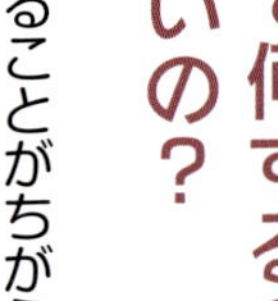

わたしたちには楽しいグループ活動なのに、あすかちゃんはそんなに苦手だったんだ……。

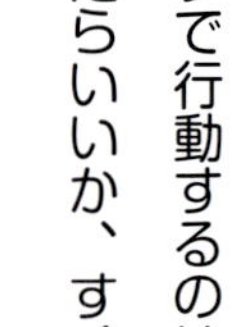

わがままだって決めつけちゃったけど、あすかちゃんは不安だったんだね。

あすかさんには、こんな特徴《とくちょう》があります。

知っておきたい
自閉スペクトラム症

いつもとちがうことは苦手

あすかさんは、いつもとちがう場所でやる授業《じゅぎょう》や、イベントなどが苦手です。予測《よそく》がつかないことや想像できないことがあると不安定な気持ちになってしまうようです。

同じパターンで行動するのが得意

一度おぼえたやり方でするのが好きで、そのほうが安心できるという特徴があります。いつもと同じ道をとおりたがるのもそのためです。まわりの人からは、融通《ゆうずう》がきかないとか、ガンコだと言われる原因になりがちですが、決まりや約束を必ず守るという、まじめな性格は長所にもなります。

集団行動がむずかしい

みんなといっしょに行動したり、話し合ったりすることも苦手です。たくさんの人の話を聞きわけたり、頭の中で整理《せいり》したりしていると、とてもつかれてしまいます。反対に一人で何かに集中して取り組むことはとても得意です。

興味《きょうみ》のあるものが目に入ると、いてもたってもいられなくなる

好きなもの、興味のあるものがあると、気持ちがそちらに向いてしまう。一度気づくと、いてもたってもいられなくて、近づいていったり、思わず手に取ったり……。それに、一度好きなことにのめりこむと、つい、ほかのことは忘れちゃうんだ。

好きだから熱心に取り組むのかな。絵もすごくじょうずだよね！

3 あすかさんの場合

こうすれば、うまくいきそう！

1 調べ学習の道順を、前もって知らせる

あすかさんは予定がわからないと不安が強くなることがわかったので、前もって目的の場所に行くまでの道順や、そこで何をするのかを紙に書いて説明しました。

何をするのか、わからなくって不安だったけど、説明してもらえたから安心できたよ。
いつもの道より近い道があることも教えてもらえてよかった！

2 いっしょに行動する人を決めておく

あすかさんの不安な気持ちを少しでもやわらげるために、班長のみかさんにいっしょに行動してもらうようお願いしました。みかさんが「わからないことがあったら聞いてね」と声をかけると、あすかさんもにっこり。

みんながすたすた歩いていくから、だいじょうぶかなって心配になるときもあったけど、みかさんがとなりにいてくれて助かった。

書名 お買上の本のタイトルをご記入下さい。

◆上記の本に関するご感想、またはご意見・ご希望などをお書き下さい。
文章を採用させていただいた方には図書カードを贈呈いたします。

◆よく読む分野（ご専門）について、3つまで○をお付け下さい。

1. 哲学・思想　2. 世界史　3. 日本史　4. 政治・法律
5. 経済　6. 経営　7. 心理　8. 教育　9. 保育　10. 社会福祉
11. 社会　12. 自然科学　13. 文学・言語　14. 評論・評伝
15. 児童書　16. 資格・実用　17. その他（　　　　　）

〒 ご住所 Tel　　　（　　　）		
お名前《ふりがな》	年齢 歳	性別 男・女
ご職業・学校名 （所属・専門）		
Eメール		

ミネルヴァ書房ホームページ　http://www.minervashobo.co.jp/

＊新刊案内（DM）不要の方は × を付けて下さい。 □

料金受取人払郵便

山科局承認

1695

差出有効期間
2019年11月
30日まで

郵便はがき

607-8790

(受　　取　　人)

京都市山科区
日ノ岡堤谷町1番地

ミネルヴァ書房
読者アンケート係 行

◆ 以下のアンケートにお答え下さい。

お求めの
書店名＿＿＿＿＿＿＿＿市区町村＿＿＿＿＿＿＿＿＿＿＿＿＿＿書店

＊ この本をどのようにしてお知りになりましたか？ 以下の中から選び、3つまで○をお付け下さい。

A.広告（　　　　）を見て　B.店頭で見て　C.知人・友人の薦め
D.著者ファン　E.図書館で借りて　F.教科書として
G.ミネルヴァ書房図書目録　H.ミネルヴァ通信
I.書評（　　　　）をみて　J.講演会など　K.テレビ・ラジオ
L.出版ダイジェスト　M.これから出る本　N.他の本を読んで
O.DM　P.ホームページ（　　　　　　　　）をみて
Q.書店の案内で　R.その他（　　　　　　　　）

CHECK POINT

集団行動に参加するには……

いつもとちがうことが苦手な自閉スペクトラム症の子の場合、調べ学習などグループでの行動が苦手だったり、積極的に参加できなかったりして、みんなの輪を乱してしまうことがあります。その子がグループ学習に楽しく参加できるよう、準備しましょう。

❶グループ学習での話し合いで何が決まったか、その内容を本人が理解《りかい》できているか。

❷教室の外で活動する場合、どこに行くのか、そこで何をするのか、予定がしっかり伝わっているか。

❸わからないことがあったときに聞けるともだちや先生がそばにいるか。

❹グループ学習で何をすればいいのか、本人の役割が決められているか。

3 得意なことをたのむ

絵がじょうずなあすかさんに、「調べ学習」の発表に使う絵をかいてもらうことにしました。役割がわかったからなのか、あすかさんは熱心に八百屋さんで野菜の名前をメモしていました。

グループでの行動は苦手だったけど、自分が何をすればいいのかわかったから、ちゃんと参加《さんか》できたよ。「あすかちゃん、絵がうまいね」ってほめてもらえてうれしかった。

4
あすかさんの場合

話がまったくかみあわない

ある日の昼休み。好きなアニメについてしゃべり続けるあすかさんに、みんなうんざり。だけど、みんなが別の話でもりあがると、ついていけなくて、ひとりぼっつーん。気をきかしたえりかさんが「あすかさんはだれが好き?」って聞いたら、いきなり「その服、変だね」だって。えりかさん泣いちゃったよ！ ちょっとひどすぎない?

自分の好きなことばかり話し続けるから、みんなうんざり

アニメの話をしていると、とおりがかったあすかさんが「その元ネタは、宇宙戦士ヴァヴァなんだよ」って、いきなり話に入ってきました。「あれはエピソード3にでてたジュリアへのオマージュなの」。最初「よく知っているね」って感心して聞いていたけど、あすかさんは「まほう使いの城《しろ》はね」えんえんと話し続けます。

興《きょう》味《み》がない話には知らんぷり

たまりかねたみかさんが「きのうのミュージックパラダイスはみた?」って話を変えます。「みた、みた。エルエル出てたよねー」「メンバーの中でだれが好き?」「やっぱリーダーかなぁ」「わたしもー」と、好きなアイドルグループの話でもりあがる

まわりの人が思うこと

あすかちゃんは、アニメやゲームにくわしくて、いろんなことを知ってるんだけど、話が長いの。一度、話しはじめるととまらなくなるよね。

あすかちゃんっておしゃべりなのに、人の話には興味がないのかな。

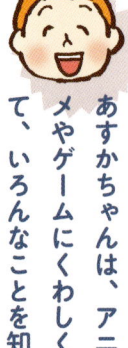

女の子たち。あすかさんは退屈《たいくつ》そうにぽかーんとしています。

洋服の話なんて、関係ないじゃん！

だまりこんでしまったあすかさんを気にして、えりかさんが「あすかちゃんはエルの中ではだれが好き？」って聞いたら、いきなり「えりかちゃんの今日の洋服、なんか変だね。似合っていないよ」だって。みんなびっくりしてシーンとしちゃうし、えりかさんは泣きだしちゃうし、楽しいはずの休み時間が最悪の空気！

どうして、人がいやがることを言ってしまうの？

そういえば以前にも、太っている校長先生にいきなり「どうしてそんなに太っているのですか？」って聞いちゃったり、「しょうたさんのお母さんって、おばあちゃんみたい」なんてしつれいなことを言ってしまったことがありました。どうして、わざわざ人をおこらせるようなことを言っちゃうのかなぁ。わけわかんない。

みんながおこっているのに、ちっとも反省《はんせい》してないみたい

ひどいことばかり言うから、みんなあきれているのに、あすかさんはまったく気にしていないみたい。おこったえりかさんは、「もう、あすかさんとは口を聞きたくない。ともだちじゃない」なんて言っています。

なんで急に話がとんじゃうの？　しかも、いきなり人がいやがるようなことをわざわざ言う必要ないよね？

いやなことをはっきり言っちゃうなんて、すごいっていうか、不思議……。

人をおこらせておいて、それに気がついていないって、どこまでどんかんなんだろう……。ちょっとありえない！

なんで
こうなるの
？

あすかさんは、どう思っているのかな？

話しはじめると、とまらなくなる

アニメ大好き！　ゲームも大好き。いつもインターネットで調べてるから、とってもくわしいし、自分の好きなことなら、ずっと話していられちゃう。だけど学校だと、話があう子が少なくって、ちょっとものたりない。

みんなで話していると、ついていけないの

おしゃべりは大好きなんだけど、みんなで話すのは得意じゃないの。何人かがつぎつぎ話しはじめると、話についていけなくなっちゃうし、話すタイミングもわからなくなる。

まわりの音がうるさいと、遠くの人の声はよく聞きとれないし、ちがうことに気が散《ち》ってしまうこともある。

ほんと、あすかちゃん、ものしりだけど、話題がずれてるんだよね。

趣味《しゅみ》がマニアックだから、男の子や大人の人のほうが話があうのかなぁ。

まさか、あすかちゃんが話についてこれていないなんて、気づいていなかった！　わたしたちはふつうに話していることでも、あすかちゃんには話が通じていないことがあるんだね。

あすかさんには、こんな特徴《とくちょう》があります。

知っておきたい
自閉スペクトラム症

いっぺんにみんなが話すとわからなくなる

　おしゃべりが大好きなあすかさんですが、実は人の話を聞きとることは苦手です。とくに教室や廊下《ろうか》など人が多いところやうるさい場所で、みんながいっぺんに話すと、聞きとることができなくなり、話についていけません。

気持ちを想像するのが苦手

　自分の言った言葉《ことば》で相手がどんな気持ちになるのか想像するのは苦手で、考えたことや思いついたことはストレートに口に出してしまうけいこうがあります。素直《すなお》で正直《しょうじき》なところはあすかさんの長所でもありますが、思いがけず人を傷つけてしまったり、不愉快《ふゆかい》な気持ちにさせてしまったりすることもあります。

人の気持ちってむずかしい

話についていけなくて、ぼーっとえりかちゃんを見ていたら、いつもジーンズなのに、今日はめずらしくワンピースを着ているのに気がついた。だけど、ぜんぜん似合ってなくて変だったから、教えてあげたほうが親切だと思ったの。それで、えりちかゃんがどんな気持ちになるか、そういうことって、わたしはわからない。泣いちゃったからびっくり！

人が言わないようなことをずばっと言っちゃうから、どきっとすることがあるよね。でも、あすかちゃんに悪気《わるぎ》はなかったのね。

④
あすかさんの
場合

こうすれば、うまくいきそう！

1
何の話をしているのか説明する

エルエルのメンバーでだれが好きなのかを話していたのよ

あすかさんはたくさんの人がわいわい話すような場所は、話についていけなくなってしまうので、苦手です。もし、あすかさんが話に入れないで困っていることに気づいたら、「エルエルのメンバーでだれが好きなのかを、みんなで話していたのよ」などと、わかりやすく説明してあげましょう。

みんなが次から次に話し出すと、何がなんだかわからなくなってしまうの。とちゅうで教えてもらえると、とても助かる。

2
おだやかな言い方で、ダメなことはダメと伝える

かなしくなるから言わないで

あすかさんは、おこっている理由や泣いているわけを察することが苦手です。たとえばえりかさんが泣いていても、理由がわからず、すぐにはあやまることも思いつきません。あすかさんにいやなことを言われたら、その場で、できるだけおだやかに「そんなふうに言われるとかなしい」と、はっきりと伝えるようにしましょう。

何で泣いちゃったのか不思議だったので、「お父さんに買ってもらったワンピースを、変だと言われてかなしかった」と教えてもらえて、よかった。

CHECK POINT

みんなと楽しく話せるようになるには……

自閉スペクトラム症の子は独特の会話のパターンをもっているため、しばしばトラブルに発展してしまうことがあります。本人の感じ方や考え方を想像しながら、みんなと楽しく話せるようにサポートしましょう。

❶一方的《いっぽうてき》に一人だけ話して浮いていないか。話の流れについていけているか。会話のキャッチボールを楽しめているか。

❷何かトラブルになったとき、その理由を本人が理解《りかい》できるように説明できているか。相手の気持ちを想像できるヒントやトラブルのきっかけを、伝えられているか。

❸本人に悪意がないことを、まわりがわかっているか。

❹言ってはいけない言葉や、つきあい方のルールを、みんなで確認できているか。

3
つきあい方のルールを確認《かくにん》する

相手が傷つくことをわざという人もいるので、クラスのみんなで人に言ってはいけない言葉にはどんな言葉があるのか（たとえばハゲ・デブ・チビなど）を確認しました。「こんなこともできないの？」と人をみくだしたり、「変だよ」などと自分の価値観で決めつけたりするのもよくないことだとみんなで確認しました。

いやな気持ちにさせてしまって、ごめんなさい。思ったことはみんな口に出していたけど、言っていいことと悪いことがあることがわかった！　これからは気をつけるね。

5
てつおさんの場合

マイペースすぎる！

のりものが大好きで、「のりもの博士《はかせ》」のニックネームをもつ、6年生のてつおさん。夏休みに「電車に興味《きょうみ》がある」と言ってたあらしさんと鉄道博物館に行ったんだって。だけど、待ちあわせの時間には遅れる、忘れものをする、一人で勝手《かって》に行動するなどあらしさんはふりまわされっぱなし。これじゃあ、ちっとも楽しくないよー！

待ちあわせの場所に、てつおさんが来ない！

「何時に待ちあわせる？」とあらしさんが聞くと、てつおさんは「朝いちばんに行き、ゆっくり見学するべきでしょう！」と、やる気まんまん。ところが当日、時間になっても、てつおさんはあらわれず。20分前に来たあらしさんは待ちぼうけ。

その荷物《にもつ》……。いったいどういうつもり？

「しつれい。少々、遅れて」と、てつおさんが来たのは、40分もあとでした。しかも、まるでキャンプに行くような大きな荷物。とても重たくて、博物館をゆっくりまわることもできないし、ほかの人にめいわくです。「宝物なのに……」としぶるてつおさんを説得して、荷物はコインロッカーにあずけることにしました。

まわりの人が思うこと

「朝いちばん」って言いだしたのはてつおさんだよね。まさか1時間も待ちぼうけだなんて……。

なんで博物館に行くのに、大きな荷物を持ってきたの？　それって必要ないよね？

わりびき券、忘れちゃったんだ……。残念

二人が鉄道博物館に行くことにしたのは、てつおさんが「はんがくになるわりびき券をもらったから、いっしょにどうですか?」とあらしさんをさそったのがきっかけでした。なのに。あらしさんが「わりびき券は?」って聞いたら、「あっ。忘れた!!!」だって。わりびきにならないのは残念だけど、しかたがないね……。

せっかく二人で来たんだから、いっしょに楽しみたいんだけど……

「うわー。450系ではないですか!」博物館に入ったとたん、てつおさんはハイテンション。あらしさんを置いて走り出します。そのあとも、あらしさんをまったく気にかけるようすはなく、自由に館内をめぐります。あきてしまったあらしさんが「そろそろ帰ろうよ」と声をかけても、てつおさんは知らん顔。

マイペースなてつおさんにふりまわされっぱなしで、へとへとだよ……

そろそろおなかもすいて、ようやく帰ることになりましたが、今度は「ロッカーのカギがない!」と大さわぎ。あわてて、さがしたけれどもみつかりません。夢中《むちゅう》になって博物館をまわっている間に、どこかでカギを落としてしまったようです。

なのに、「ロッカーにあずけたからこんなことになったんです。どうしてくれるんだ!」と、やつあたり。あまりに自由なてつおさんに、あらしさんはへとへとです。

そんなにたくさんいらないものを持ってきて、どうして、わりびき券を忘れちゃったんだろう。しかたないけど、なんだか納得《なっとく》できない。

せっかく、いっしょに来ているのに、ぼくのことなんかどうでもいいみたい。なんで、一人で勝手に行動するの?

人にめいわくかけているのに、もうしわけないって思わないのかな。勝手な行動や言いぶんが多すぎて、まったく、つきあいきれないよ。

5 てつおさんの場合

なんでこうなるの?

てつおさんは、どう思っているのかな?

見通しがあまく、計画を立てるのが苦手

10時に待ちあわせの場合、移動時間を考えると何時に出発するべきなのか見通しがあまかった。そのうえ、部屋も頭も混乱《こんらん》のきわみで、何から手をつければよいのか見当すらつかなかったのだ。

博物館に行くにあたり、鉄道への愛を実証《じっしょう》する必要があると考え、ずかんや模型を持参《じさん》したのだ。しかし、おもいのほか重く、たしかに見学のさまたげになる事態となってしまった。しかも、かんじんのわりびき券を忘れるとは、めんぼくない。

興味のあるものに熱中《ねっちゅう》すると、ほかのことがどうでもよくなる

あこがれの４５０系を見たとたん、異常《いじょう》な興奮状態となってしまった。その後も、あまりに展示《てんじ》がすばらしく、あらしさんのことはすっかり忘れてしまった。それほどクオリティの高い展示で

約束に遅れたのは、予定にあわせて朝起きる時間を決めたり、準備《じゅんび》をすることができないからだったんだね。

展示に熱中するあまり、いっしょに来ていることを忘れてしまうなんてことがあるんだ……。ちょっとびっくり。

あったのだ。

忘れものや落としものは日《にち》常《じょう》茶《さ》飯《はん》事《じ》

カギを落としたのも、あまりに鉄道に熱中してしまったからにほかならない。じまんではないが、通学路にある踏切《ふみきり》で気になる貨物列車を見かけて写真をとっている間に、ランドセルを置きっぱなしにし、そのまま忘れて学校に行ったことさえある。

なりふりかまわず、夢中になれるのはうらやましいよ。ぼくも電車に興味があるから、その知識、わけてほしいなぁ。

てつおさんには、こんな特徴《とくちょう》があります。

知っておきたい
自閉スペクトラム症

見通しを立て、予定を組むのが苦手

たとえば10時に待ちあわせをした場合、何時の電車に乗ればまにあうのかを考えたり、逆算して朝起きる時間を決めたりすることが苦手です。とくに、いつもとちがう場所に行くときには、何を持って行けばいいのか、その準備にどのくらい時間がかかるのか判断することもできません。べんきょうが得意なので、「こんなこと、できてあたりまえ」と思われがちですが、できないことがほかにもあります。

熱中するとほかが見えなくなる

自分の好きなことや興味のあるものを見つけると、時間を忘れ、ほかが見えなくなるくらい熱中してしまいます。そのため、いっしょにいる人を待たせてしまったり、ものをなくしたり、大事なことをおざなりにしてしまう場合もあります。

めいわくをかけているという自覚《じかく》がない

けれども本人は、自分のそんな行動がどんなふうに思われるのか、相手の立場に立って想像してみることがむずかしく、人にめいわくをかけたり、不快な思いをさせたりしているかもしれないという自覚が、まったくありません。

⑤
てつおさんの場合

こうすれば、うまくいきそう！

1
計画をいっしょに立て、紙に書いてわたす

てつおさんは、外出時の計画を立てることができないので、「家からバス停まで何分かかるの?」などと聞きながら、計画をいっしょに立てることにしました。また、外出するときに何を持っていけばいいのか、持ちものを考え準備するのも苦手です。「交通費、わりびき券、ハンカチ」などリストアップし、計画といっしょに紙に書いてわたしました。

待ちあわせの時間にまにあうためには、何時に家を出ればいいのかが判明した。リストアップしてもらったので、前日に準備をすませることができ、効率化《こうりつか》がはかられた。

2
大切なものは、しまった場所を確認《かくにん》する

とくにテンションがあがっているときには、チケット、カギ、財布《さいふ》など大切なものを、どこにしまったのかわからなくなるので、「カバンのいちばん前のポケットに入れたね」など、しまった場所を声に出して確認することにしました。なくしやすいものはチェーンなどでカバンに結びつけておくと安心です。

なるほど！　駅員さんが「前方ＯＫ！」とやっているように、声に出して確認するくせをつけるということだな。

CHECK POINT

どうすればいっしょに楽しめるのか まずは、計画を立てるところから

自閉スペクトラム症の子がともだちといっしょに行動することを楽しむためには、しっかり計画を立て、事前に説明するなど、おぜん立てが必要な場合もあります。

❶待ち合わせの時間から逆算して、移動時間、家を出る時間、起きる時間など計画が立てられているか。

❷必要な持ちものを把握《はあく》できていて、出かける前にあわてないよう準備ができているか。忘れものはないか。

❸ともだちといっしょに楽しく行動できるよう、相手の気持ちを考えられるようなヒントを伝えるなど、おぜん立てができているか。

❹ともだちに誤解をあたえるような行動をしてしまった場合、そのことについてふりかえり、学習することができているか。

3
電車のことを教えてほしいと伝え、質問《しつもん》する

あらしさんはてつおさんに「ぼくも電車に興味があるから、いろいろ教えてほしい」と伝えました。そして展示を見ながら、「この電車はいつの電車?」「どこを走っていたの?」など、具体的《ぐたいてき》に質問するようにしてみました。てつおさんは、電車のことを話すのは大好き。自分の知識をあらしさんに話しながら、二人で楽しく博物館を見てまわることができました。

あらしさんは、初心者にしてはなかなか鉄道の趣《しゅ》味《み》がよい。ぼくの知識が役に立ち、喜んでもらえて何よりであった。

6
てつおさんの場合

思ったように動けない

てつおさんはスポーツが苦手。サッカーや野球も基本《きほん》てつおさんのいるチームが負ける。大なわとび大会にむけて、練習中なんだけど、毎回てつおさんがブレーキになってる。練習もちっともやる気がないみたい。苦手なのはしかたないけど、ちょっとひどすぎない？てつおさんがいると、運動会でもなわとび大会でも、ぜったい優勝できないよ……。

まわりの人が思うこと

ルールを教えてもおぼえていないみたい。試合中に簡単《かんたん》な作戦を伝えても、まったくムシ。いったいどうして？

どうしてルールをやぶっちゃうの……？

てつおさん、スポーツが苦手なだけならまだいいんだけど、ルールもよくわかってないみたい。クラス対抗のドッジボール大会で、味方にボールをあててくるし、相手にパスしちゃうし、ゲームはめちゃくちゃ。「てつおー。こっちにパスくれー！」って声をかけても、まったく別のほうにボールを投げてしまう。クラスは最下位で、みんながっかりしちゃいました。

左右がよくわかってないのかな？

運動会の組み体操でも大変でした。体はかちこちで、手足の動きはばらばら、まるでこわれたロボットみたい。「右手あげて」って言っても左手あげちゃうし、リズム

にあわせて動くこともできません。

大なわとびで、てつおさんがブレーキに……

実はもうすぐクラス対抗の「大なわとび大会」があるので、みんな本気でもえています。「ぜったい優勝めざそう！」、リーダー役のこうたさんの提案で、20分休みにも練習することになりました。だけど、何度やってもてつおさんがひっかかってストップしちゃう。

てつおさん、まじめにやってよ！

「今だ！」って声をかけても遅れちゃうし、ちゃんと足をあげて飛ばないし、なわをこわがって変なふうに体をよじっちゃうし、何度やっても流れにのれない。とうとう、こうたさんが「おまえ。ふざけてんのか？」っておこりはじめました。

練習もさぼっちゃうと、優勝できないよー

そしたらてつおさん。次の日から練習に出てこなくなってしまいました。みんながいっしょうけんめいがんばっているというのに、休み時間は一人教室に残り、そしらぬ顔で電車の本を読んでいます。このままだと、大なわとび大会の当日に、てつおさんがブレーキになってしまうことはまちがいありません！

大なわとびをまわす役ならいいと思ったんだけど、うでをまわすのもむずかしいみたい。うまくいかなかった……。

みんな苦手なことがあっても、少しはがんばるよね。練習に出てこないで本を読んでるって、どういうつもり？

6 てつおさんの場合

なんでこうなるの？

てつおさんは、どう思っているのかな？

体が思うように動かない

自分の体がどんなふうに動いているのか、動かしている手足がどうなっているのか、考えてもよくわからない。歩くのさえ苦手なのだから、あちこちぶつかったり、ころんだりは日常《にちじょう》茶《さ》飯《はん》事《じ》。ボールとか大なわとか、動くものに自分の動きをあわせるなど、自然にできる人は天才だと思われる。

ふざけているのではない！

スポーツのルールはぼくにとって複雑で、自然におぼえることはしなんのわざである。しかも、ゲームをやりながら「こっち」とか「右」とか言われても、すぐに理解《りかい》して体を動かすことはできかねる。だいいち、いまだに左右がよくわからないのだ。

まわりからは、ふざけているように見えるらしいが、ぼくはいたって真剣《しんけん》にやっているつもり。

言っちゃ悪いけど、運動が苦手……というレベルじゃないね。べんきょうはできるのに、不思議。

なるほどー。どうしてムシするんだって、イラッてきてたけど、とっさに動くことができなかったんだね。

「こわれたロボットみたい」って笑って、ごめんなさい。

てつおさんには、こんな特徴《とくちょう》があります。

知っておきたい
自閉スペクトラム症

体を使って何かするのが苦手

てつおさんがこわれたロボットのように動いてしまうのは、決してふざけているわけではありません。自分の体をじょうずに動かすことがむずかしく、みんなが自然にできることでも、てつおさんにとっては大変な努力が必要になることが多いのです。長い時間いすにすわったり、まっすぐ歩くことすらむずかしく、毎日の生活にとても苦労しています。

ルールを自然におぼえられない

てつおさんはドッジボールなどのルールを理解することがむずかしく、みんなのように、遊びながら自然にルールをおぼえていくことができません。

マイナスの体験が記憶《きおく》に残りやすい

一度「痛い」「こわい」といった体験をすると、とてもこわくなってしまい、その場所に行けなくなってしまったり、参加《さんか》できなくなったりすることがあります。

失敗するのもこわいし、痛いのもつらい！

大なわとびは、ぼくにとってハードルが高い。リズムにのり、タイミングをあわせて、体を動かすのは非常に困難である。にもかかわらず、失敗して大なわが体にあたると非常に痛く、みなからも白い目で見られる結果となり、なきつらにはち。できれば、かんべんしてもらいたい。

練習をさぼって本を読んでるのはずるいと思っていたけど、てつおさんはそんなにつらかったんだね。

6 てつおさんの場合

こうすれば、うまくいきそう！

1 ルールを確認《かくにん》する

てつおさんは、ドッジボールやサッカーなどの目に見えないルールを自然におぼえることができないので、絵や文字で遊び方をかいたルールブックをつくり、「①ボールをてきに投げる」「②ボールが来たら受けとる」などゲームの手順《てじゅん》を説明しました。

今まで本当はルールがよくわかっておらず、なんとなくみんなのまねをしていたのだが、ようやくどんなゲームなのか、理解できた！

2 大きな声でわかりやすく指示《しじ》を出す

てつおさんは「右」「左」「こっち」「そっち」などと言われても、とっさにわかりません。また、まわりの音がうるさいと、自分に出された指示が聞きとれないこともあるようです。ゲーム中に指示を出すときは「たろうさんに投げて」など、短く簡単に大きな声で伝えるようにしました。

大きな声なら聞きとれるし、だれに投げればいいのかわかると、ひかくてき動きやすいぞ。

CHECK POINT

体を動かすのが苦手な子にマイナスの体験をさせないために

極端《きょくたん》に体を動かすことやスポーツがむずかしい自閉スペクトラム症の子に、苦手なことを無理やりさせてしまうと、マイナスの体験になってしまい、よい結果を残しません。本人が気持ちよく参加できるような工夫ができているか、気をつけましょう。

❶本人の苦手なことや大変さを、まわりが理解できているか。子どもたちにも理解できるよう、伝えているか。

❷できないことをせめたり、本人の気持ちを無視して無理やりやらせようとしていないか。

❸ルールをわかりやすく伝え、本人が楽しく参加できるよう工夫しているか。

❹どうしても参加できない場合は別の役割をあたえるなど、柔軟に対応できているか。

3
クラス対抗戦では、きろく係りを担当する

てつおさんはふざけていたり、やる気がなかったりするのではなく、体の不器用《ぶきよう》さによりうまく動けないことを、みんなに伝えました。そのうえで、どうすれば気持ちよく参加できるか作戦会議をひらきました。

「大なわとびは、かんべんしていただきたい」というてつおさんの意見《いけん》を聞き、当日はきろく係として参加してもらうことになりました。

大なわとびのことを考えると、学校に行くのさえゆううつだったので、とても助かった。データをとるのは得意なので、きろく係は任せていただきたい！

7

てつおさんの場合

こだわりが強い・空気を読まない

文化祭で「鉄道研究」を発表することになり、リーダーになったてつおさん。鉄道へのこだわりが強すぎて、ちっともみんなの意見《いけん》を聞かない。しかも、自分の担当だけ決まったら、リーダーなのにさっさと帰っちゃう。グループなんだから、みんなで協力して進めなくちゃ。ちょっとは空気読んでよ！

リーダーになったのは、いいんだけど……

もうすぐ文化祭。てつおさんのクラスは、それぞれグループにわかれて自由研究を発表することになりました。てつおさんは、もちろん「鉄道」グループのリーダー。「全国を走るめずらしい電車を紹介《しょうかい》しよう」と決まり、はりきっています。

てつおさん。一人で話してると、話し合いにならないよ！

まずは、それぞれずかんや本を持ちより、紹介する電車を選ぶことにしました。「めずらしい電車といえば、やはりJR北海道ですね。世界的にも、これほど長大な気動車特急《きどうしゃとっきゅう》を運行している鉄道会社はありません！」、てつおさんはさっそく熱弁《ねつべん》をふるいます。だけど話はとまらず……。

まわりの人が思うこと

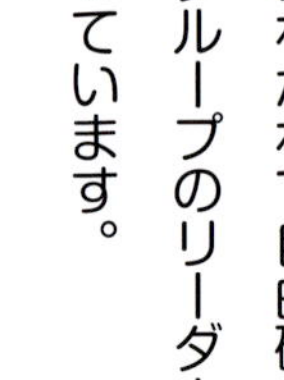

さすが、てつおさんはくわしいね。すごいって感心するんだけど、話が長い……。一人で話し続けるから、話し合いにならないよ。

くわしいのは感心するけど、こだわりが強すぎるんじゃない？

しかも、てつおさん。「○○社のずかんは、写真がよくない。電車への愛がない」とか「この本の解説は正しくないですね」など、ほかのともだちが持ってきた本にはケチをつけてばかり。どんどん空気が悪くなります。

ああ言えば、こう言う。人の意見も聞いてほしいなぁ

あらしさんが「長野新幹線を紹介したい」と言ったら鼻で笑って、「新幹線なんて、つまんないですよ」ですって。「いろんな電車があっていいんじゃないかな」ってあらしさんが言い返したら、「鉄道ファンは、まずこれは選ばないですね。別の電車をさがしてください」と、てつおさんはぜったいに自分の意見をゆずろうとはしません。

みんないのこりだよ。空気読んでよ！

あらしさんが紹介する電車が決まらず、けっきょく放課後までいのこることに……。みんなはずかんをめくりながら、紹介したい電車をさがすのに協力しています。なのに、てつおさんは一人『北海道の鉄道』の本に夢中《むちゅう》。

そのうえ4時になったら、「おっとアニメの時間だ」とさっさと片付《かたづ》けをはじめ、なんと「今日は、お先にしつれい！」と、みんなを残して帰ってしまいました。

なんで自分の意見ばかりおしつけて、人の意見を聞こうとしないの？　それに、てつおさんのせいで、どんどん空気が悪くなっているのに気づかないのかな？

てつおさんがダメって言ったから、ほかのみんなは、いのこりでさがしているんだよ。てつおさんも手伝《てつだ》うのが当然じゃないかな。空気読んでよ！

7
てつおさんの場合

なんでこうなるの？

てつおさんは、どう思っているのかな？

とくに、好きなことはゆずれない

「こだわりが強い」とか「ガンコ」などと言われますが、ぼくは一生をささげてもいいと思うくらい、心の底から鉄道を愛しているのです。鉄道さえあれば、友人などいりません。そこらへんの「にわかファン」や、ただの「電車好き」といっしょにしてもらっては困ります。

よかれと思って意見を言っているだけ

人を困らせるつもりも、おこらせるつもりも毛頭《もうとう》なく、率直《そっちょく》に意見をのべているのにすぎません。この機会に、もっとさまざまな鉄道について知ってもらい、価値ある研究発表を行うことが、自分の使命だと思っているからです。あらしさんにも、もっと鉄道について学んでもらいたいのです。

よくわからないけど、てつおさんの真剣度《しんけんど》は伝わってくる……。てつおさんとなかよく自由研究を進めたいと思っている、ぼくたちの気持ちもわかってもらえるとうれしいんだけど。

なるほどー。ぼくはバカにされたみたいでかなしかったけど、てつおさんは自分の意見を伝えることが、親切だと思っていたんだね。

てつおさんには、こんな特徴《とくちょう》があります。

知っておきたい
自閉スペクトラム症

好ききらいや好みがはっきりしている

好きなものには寝食《しんしょく》を忘れるほどのめりこむ一方で、きらいなものにはまったく興味《きょうみ》がもてず必要なことでも取り組めない……といった具合に、好ききらいが極端《きょくたん》で、まわりをおどろかせるような行動につながることがあります。

自分の意見はゆずれない

好きなものへのこだわりが、ときとして「ガンコ」と思われるような言動《げんどう》にあらわれることがあります。本人に悪気《わるぎ》はなく率直《そっちょく》な意見が言えることは長所ですが、ともだちが傷つくような言い方をしてしまったり、人の意見に耳を貸さなかったり、対話をさまたげてしまう場合もあります。

人の気持ちや空気を読むのは苦手

どちらかというと一人で行動するほうがむいているマイペースなタイプなので、まわりのようすをみながら自分のやるべきことを考えたり、相手の気持ちを察して協力したり、その場《ば》に求められる行動をとったりすることができません。人から見て自分の行動がどんなふうに映るのかを、想像することも苦手です。

自分の作業が終わったら、さっさと帰ってしまったのは、「ほかの人を手伝うほうがいい」という考えすら、思いつかないからです。

空気を読むってどういうこと？

あらしさんとみなが残って調べているのはわかっていましたが、自分の意見はすでにのべたし、やるべきことも終わっていたので、帰ってよかろうと判断したのです。空気などは読めないので、残ったほうがよかったのであれば、やるべきことを教えてもらえるとありがたい。

勝手《かって》だなって思ったけど、てつおさんは、自分が残ってみんなに協力するほうがいいかもって考えつかなかったんだね。

⑦ てつおさんの場合

こうすれば、うまくいきそう！

1 チーム作業のメリットやリーダーの役割を確認《かくにん》

てつおさんはチームで協力する目的や、リーダーの役割に興味がなかったようです。先生からグループで協力するメリット（一人でやるより内容が広がるなど）や、進めるだんどり（話し合い→分担《ぶんたん》→それぞれの作業→みんなで仕上げ）を説明しました。そして、みんなの意見を聞き、まとめるのがリーダーの役割であることを確認しました。

鉄道のことになると熱くなりすぎて話しすぎてしまうけいこうがあったので、ルールが決まっていれば、見通しがもてて助かります。

2 話し合いのルールを決める

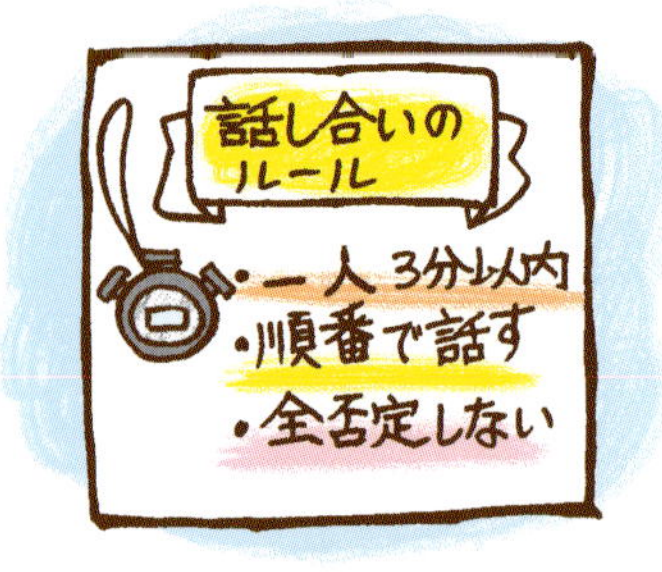

率直に意見を言えるところはてつおさんの長所ですが、その意見で傷つく人もいることを話しました。そのうえで、「①発言は一人3分以内」「②順番《じゅんばん》に一人ずつ話す」「③ともだちの意見に聞く耳をもち、全否定しない」など、話し合いのルールを決め、てつおさんに伝えました。

他人がどのような言《こと》葉《ば》で不快になるのか想像することができなかったので、教えてもらいおどろいた。自分とちがう考えもあるのですね。

CHECK POINT

こだわりの強さを、チーム作業にいかすために

こだわりが強いタイプの自閉スペクトラム症の子は、どちらかというと個人プレーが得意で、チームでの作業が苦手。

彼らの長所をチームでの作業にいかすためには、ちょっとした工夫が必要です。

❶作業のだんどりや、役割分担がはっきりしているか。

❷得意なことをいかして参加《さんか》できる工夫ができているか。

❸独壇場《どくだんじょう》にならないように、話し合いのルールなどが決まっているか。

❹ほかのともだちの作業に協力できるよう、具体的にやってほしいことを伝えているか。

3 やるべきことは具体的《ぐたいてき》に伝える

てつおさんはまわりのようすを察して動くことができないので、「まだ、終わっていないから、こっちを手伝って」、「この本から、候補《こうほ》を選んで」など、具体的にやってほしいことをお願いすることにしました。

先生が、「あと30分やってから、みんなで帰ろうね。それまでに決めよう」と時間をくぎることにより、みんなで協力して進めることができました。

ほかにも紹介したい電車は山ほどあるので、候補を選ぶのは、いくらでもできます。なるほど。みなで協力すれば早く終わりますね。

8
すみれさんの場合

楽しいはずの行事が、楽しめない！

みんなが楽しみにしていた夏休みのキャンプ！
だけど、すみれさんはキャンプ場にむかうバスの中から、ずっとうかない顔。
どんどん元気がなくなっていくから、おともだちが心配《しんぱい》しています。
バーベキューがはじまると、ますますつらそうなようす。いったいどうしたの？

みんなが楽しみにしていたバーベキュー！

いよいよ夏休み！　みんなが楽しみにしていた一泊二日のキャンプ。朝早く学校に集合し、バスに乗って、森の中のキャンプ場にむかいます。「星がとってもきれいなんだって」「カブトムシもとれるらしいよ」「早く川で泳ぎたいなぁ」。みんなわくわく。バスの中から、もりあがっています！

なんだか、すみれさん、元気ないね……

だけど、すみれさんは、一人だけずっとうかない顔……。気分でも悪いのかな？　それとも、何か心配なことがあるのかな？　お母さんとはなれるのがいやなのかな？

まわりの人が思うこと

すみれちゃん、朝から
ずっと元気がないの。
「どうしたの?」って
話しかけても教えてくれない
し、気になるなぁ……。

あれ？　すみれさんがいなくなっちゃった？

楽しい一日はあっというまにすぎていきます。夜になり待ちに待ったバーベキューがはじまりました。「うわー。大きなお肉だな」「ソーセージもあるよ」「最後は焼きそばだね！」。みんなはわいわい、準備にもりあがっています。「お肉が焼けたよ。みんな集まって！」「あれ？　すみれちゃんがいない」。

気分が悪くなっちゃったんだって。だいじょうぶ？

心配してさがしに行ったあきさんが木かげのベンチでしょんぼりしているすみれさんを発見。「どうしたの？　みんな心配しているから、もどろうよ」って声をかけます。すみれさんは、バーベキューのにおいで気分が悪くなっちゃったんだって！

そういえば、すみれさんは給食のにおいも苦手みたい。ときどき「オエッ」ってなってる。しかも、「キュウリだけはのぞいてほしい」とか、「どうしてもカレーは食べられない」とか注文が多いから、給食係さんが「わがまますぎるよ！」っておこっちゃったこともありました。すみれさん、好ききらいが多いのかな？

楽しい一日のはずなのに、つらそうだから、心配だよ

あきさんにうながされて、バーベキュー会場にもどってきたすみれさんだけど、なんだか暗い。気分も悪そうだし、せっかくのキャンプが楽しくないのかなぁ？

すみれちゃん。ずっと暗い顔で、ちっとも楽しそうじゃない。せっかくもりあがっているのに、こっちまでテンションさがっちゃうよ。

お肉の焼けるいいにおいで、気分が悪くなるなんて、そんなことがあるの？

一人にしておくのも心配だから、つれてきちゃったけど、なんだか、つらそう。どうしてあげたらいいんだろう。

8 すみれさんの場合

なんでこうなるの？

すみれさんは、どう思っているのかな？

みんなと感じ方がちがうみたい

みんなが平気な食べものが食べられないし、においが気になるし、音や光も苦手。どうやら、みんなとわたしは感じ方がちがうみたい。ぐちゃぐちゃまざってる食べものはとくに苦手だから、給食はだいたいどれも食べられない。ほんの少しよそってもらって、いつも、すごくがんばって食べているの。

本当に苦しいのに、わかってもらえなくえて、つらい

わたしがダメなのは、給食や食べものだけじゃないんだよ。タバコや香水のにおいでくらくらしちゃったり、空気のもわーっとした感じで気分が悪くなったりすることもある。だから、バスや電車に乗るのも苦手なの。

キャンプに行くとき、長い時間バスに乗っているだけで、すごくつかれちゃった。「そんなことで、具合が悪くなるなんて、あ

すみれちゃん。味やにおいを強く感じるタイプなんだ。そんな人がいるなんて、知らなかった。

ぼくたちが楽しみにしている給食が、食べられないなんて、かわいそう。

苦手なものがそれだけ多いと、すごく大変だよね。バスの中でもつらかったんだー。

りえない」って思われているのが、つらい。

本当はみんなといっしょに楽しみたいの

みんなが楽しそうにしていると、うらやましいなぁって思うし、本当はみんなといっしょに楽しみたい。だけど、バーベキューのにおいやけむり、キャンプ場の音楽やいろんな音が気になって、わたしはちっとも楽しめないの。心配かけちゃって、ごめんね。

いいなぁ…
わい わい

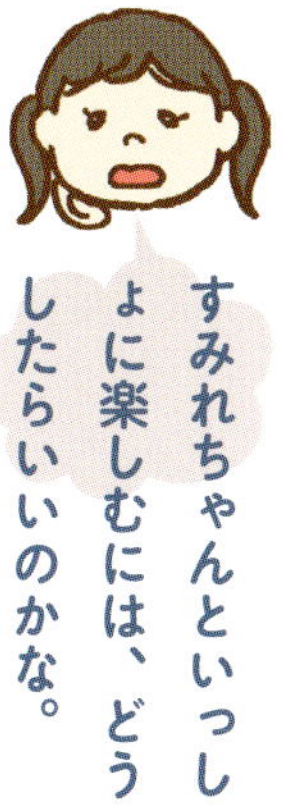
すみれちゃんといっしょに楽しむには、どうしたらいいのかな。

すみれさんには、こんな特徴《とくちょう》があります。

知っておきたい
自閉スペクトラム症

においに対する感覚《かんかく》がするどい

すみれさんもだいすけさんと同じ、感覚の過敏《かびん》をもっています。すみれさんはとくににおいをすごく強く感じてしまいます。

中でもバスや電車などの閉じこめられた空間や、焼肉・バーベキュー・タバコ・香水などの強いにおいで、気分が悪くなってしまうこともあるようです。

味や舌ざわりも強く感じる

味や舌ざわりも強く感じてしまうため、口にいれた感覚が苦手だと、食べることがこわくなります。また、味がまざるのがいやで、ぐちゃぐちゃしたサラダや、いろんなものをいっしょににこんだにこみ料理などが食べられません。

食べたことがないものや、おなじ食べものでも形状がちがうものを食べることに、抵抗《ていこう》感《かん》があります。

苦手なことをがまんしてしまう

小学校低学年くらいまでは、「こんなにおいが苦手」「味がダメ」など、苦手なものを言葉《ことば》にすることができませんでした。自分とほかの人の感覚がちがうということに気づけないため、「みんなもがんばっているんだから、がまんしなくちゃ」「わがままだと思われたくない」と考え、無理をしていたのです。

こうすれば、うまくいきそう！

1
ちがうように感じていることを、理解《りかい》する

まず、すみれさんがどんなにおいや音が苦手なのか、どんなときにつらかったのか、ゆっくり聞いてみることにしました。

そして、クラスのみんなとすみれさんでは感じ方がちがうことを確認し、すみれさんがいやがるときは本当に「つらいんだ」ということを、クラスのみんなにも知ってもらいました。

「わがまま」「変な子」って思われることが苦しかったから、わかってもらえてうれしい。

2
苦手な感覚は、なるべく遠ざける

すみれさんの苦手なものを聞いておき、あらかじめとりわけておくことにしました。カレーなどにおいが強くすみれさんが苦手なメニューの日には、別の部屋に行って持ってきたお弁当を食べることもOKにし、無理しないように伝えました。

できれば、みんなといっしょに食べたいけど、気分が悪くなりそうなときは、別のところに行くことにするね。無理しなくていいんだってわかったら、安心できた。

CHECK POINT

感覚のちがいを、わかって！

自閉スペクトラム症の子の中にはにおい、舌ざわり、食感、味などに敏感《びんかん》な人も少なくなく、食べ物にも独特のこだわりがあらわれることがあります。給食やバーベキューなどの行事でつらい思いをしている場合もあるので、注意してあげましょう。

❶感覚の過敏の有無を、まわりが把握《はあく》できているか。

❷きらいなものを無理やり食べさせたり、「好ききらいはいけないこと」というプレッシャーをかけていないか。

❸苦手なものをさけたり、苦手だと言えるスキルを本人が身につけているか。

❹本人が自分のペースで参加できるような工夫と声かけができているか。

3 行事に無理なく参加《さんか》できる方法を考える

バスの中ではできるだけ静かな後ろのほうの席に座ってもらい、ヘッドフォンをしてもらうなど、工夫しました。

バーベキューのときも、マスクをしてもらい、けむりやにおいが来ない風上《かざかみ》で待っていてもらうことにしました。

すみれさんが好きなソーセージを、あきさんが届け、ベンチに座っていっしょに食べました。

参加できなくてかなしい、なんとか参加しなくちゃって思って苦しくなっていたの。あきちゃんと食べたソーセージはとってもおいしかった。いい思い出になったよ。

9
すみれさんの場合

気持ちのきりかえができない

すみれさんは、とってもナイーブ。
いちどへこんじゃうと、なかなか立ちなおれず、長く落ちこんでしまうみたい。
今日も何かがあったらしく、朝からずっと元気がない。
体育の時間、調子が悪そうだから、保健室に行ってもらった。だいじょうぶかなぁ？

朝から、元気がないすみれさん。ちょっと心配……

おとなしくてひかえめなすみれさんは、自分の気持ちを人に話すのは苦手みたい。いやなことがあっても、なかなかそれを言わないし、「どうしたの？」って聞いても答えてくれないときがある。今日も朝から元気がないから「何かあったの？」って聞いたら「なんでもない」ってうつむくだけ……。

すみれさん。どうしたの？

4時間目の体育の時間。すみれさんは体操もしないで、ずっと立ちつくしてる。同じ班のあきさんが「おなかが痛いんじゃない？」って聞いても、つらそうにしているだけ。心配なので、先生と相談し、保健室に行ってもらいました。

まわりの人が思うこと

すみれちゃん。体の調子が悪いなら、言ってくれたらいいのに。ともだちだと思ってくれてないのかなぁ。

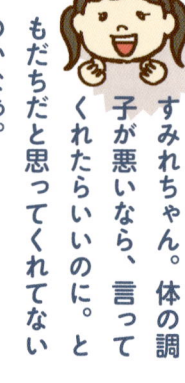

おなかが痛いんじゃないのかな？

保健室の先生が「どうしたの。すみれさん？」「おなかが痛いの？」って聞いても、すみれさんはだまったまま。「何かいやなことがあったのかな？」「なんでもいいから思ったことを話してみて」って言ったら、しくしく泣き出してしまいました。

すみれさん、先生に注意されたことを気にしていたんだ？

泣きながら、すみれさんはぽつりぽつりと、「私はできないことが多いから、先生は私のことがきらいなんだと思う」「いつも、私ばかり注意されているような気がする」と話してくれました。

そういえば、1時間目の国語の授業中《じゅぎょうちゅう》に、すみれさんのとなりの席のあかねさんが、「きのうのミュージックパラダイスみた？」って、すみれさんに話しかけてきて、先生から「そこの二人、静かに！」って注意されていた！

そんなに気にすることないんじゃないかなぁ

すみれさんは話しかけられたから「みてない」って答えただけで、悪いことはしていないのに、先生からおこられたことを、ずっと気にしていたのかなぁ。先生もそんなにおこっていなかったし、そこまで気にすることでもないと思うんだけど……。

体の調子が悪いのかな？　それとも何かいやなことがあったのかな？　話してくれないから、わからないわ。

すみれちゃん。まさか、1時間目に注意されたことを、給食の時間までひきずってたの？？？

すみれちゃんは悪くないんだし、落ちこむことないと思うよ。

9
すみれさんの場合

なんでこうなるの？

すみれさんは、どう思っているのかな？

小さなことでもすごく気になる

わたしは、完《かん》ぺき主義なのかな？　忘れものをしたり、まちがえたり、ちょっとしたことでもすごく気にしてしまうみたい。先生におこられたり、ともだちにいやなことを言われると、ものすごくへこんでしまう。「わたしはなんてダメなんだろう」って、自分をせめてしまうし、どんどん落ちこんで、なかなか気持ちをきりかえることができないの。

気持ちがへこむと、体も動かない

考えれば考えるほど、暗い気持ちになるし、悪いほうにむかっていくの。みんなにきらわれているんじゃないかとか、先生はずっとおこっているんじゃないかなぁとか、いやな想像ばかりしてしまう。

ほかのことが手につかなくなるし、おなかが痛くなったり、気

すみれちゃん。がんばりやさんだし、きっちりしているものね。そんなに、無理しなくてもいいのに。

授業中に二人が話していたから、軽く注意しただけ。すみれさんが、そんなに気にしていたなんて、気づかなかったわ。ごめんなさいね。

私たちにはたいしたことないことでも、具合が悪くなるほど、ずっと気にしちゃうんだね。

分が悪くなったり、体の調子も悪くなっちゃう。

ぐるぐる思考にはまりこむ

ひとつのことにとらわれて、頭の中がぐるぐるしはじめると、自分ではどうしようもない……。小さいころ「地震《じしん》がおきたらどうしよう」「遠いところにいたら、家に帰れない」と心配《しんぱい》で、外に出れなくなったことがあったくらい。だれかお願い。このぐるぐる思考をとめて！　このままだと学校に行くのもこわくなる。

1時間目にあったことを4時間目まで、ずっと気にしてたんだね。「すみれちゃんは悪くないよ」って言ってあげたらよかったのかな？

すみれさんには、こんな特徴《とくちょう》があります。

知っておきたい
自閉スペクトラム症

不安が強い

すみれさんは小さなころから苦手なものが多かったり、感覚《かんかく》の過敏《かびん》があったりするため、不安が強く、いつもびくびくしています。また、対人関係に対する苦手意識から、ひっこみじあんな性格になってしまっており、ちょっとしたことでひどく落ちこんでしまうのです。

想像力が暴走してしまう

けれども自分の気持ちを言葉《ことば》にすることも苦手なので、一人であれこれ考えすぎてしまいます。ときには考えすぎているうちに事実を悪いほうに悪いほうにとらえてしまったり、「みんなにきらわれている」と極端《きょくたん》な思いこみをもってしまったりすることもあります。

不安が体の不調にあらわれやすい

気持ちをきりかえることが苦手なため、ストレスをかかえこみやすく、体の不調にあらわれることがあります。やる気がでない、だるい、ねむれない、はき気がする、おなかが痛い、頭が痛いなど、さまざまな不調としてあらわれます。

9 すみれさんの場合

こうすれば、うまくいきそう！

1 おだやかにやさしい声かけを心がける

すみれさんは、大きな声や乱暴な話し方が苦手で、「おこられた」「きらわれた」などと思いこんでしまうことがあるようです。すみれさんに何か伝えたいときは、「静かに！」など強い口調はさけ、「静かにしようね」など、できるだけおだやかにやさしく話すように心がけました。

強い口調で言われると、こわくなってしまうけど、やさしく伝えてもらうと、わたしもおちついて聞くことができる。

2 気にしていることを確認《かくにん》し、解説する

落ちこんでいるときは、かならず理由があるので、すみれさんが何を気にしているのか確認します。そのうえで、「先生は静かにするように伝えただけで、おこっていないよ」「すみれさんは悪くないから、安心して」など、状況《じょうきょう》を伝えることにしました。

先生がおこっていて、わたしのことをきらっているんじゃないかと思いこんでいたから、そうじゃないんだとわかって、ほっとしたよ。

CHECK POINT

不安をやわらげるためには安心できる経験が大切！

　自閉スペクトラム症の子の不安をやわらげ、自信をつけさせていくためには、まわりにサポーターをふやし、「思っていたより平気だった」「やってみたらうまくいった」という経験をつんでいくことが大切です。

❶不安をふやすような乱暴《らんぼう》な声かけ、話し方をしていないか。

❷不安そうなときは、原因を聞きだし、不安をやわらげるためのサポートをしているか。

❸思いこみや誤解があるときは、修正し、状況を説明しているか？

❹本人が気持ちをきりかえ楽しいことに目をむけられるよう、遊びにさそうなどのはたらきかけができているか？

❺いやなことを忘れて思いっきりうちこめる趣味《しゅみ》や、好きなことがもてているか。

3
気持ちがきりかえられるよう、楽しく遊ぶ

すみれさんが、なかなか気持ちがきりかえられないでいるときは、「だいじょうぶだよ」となぐさめても、むだなようです。なので、どんどん不安が大きくならないように、すみれさんの好きな音楽の話をしたり、マンガをかいたり、気分てんかんができるような楽しいことをやるようにしました。

不安で、不安で、心がおしつぶされそうだったから、「いっしょに遊ぼう」「お絵かきしようよ」って声かけてもらってうれしかった。

⑩
そうたさんの
場合

いつもとちがうと、大パニック

「ひまわり組」に通う5年生のそうたさん。通学路でいっしょになるけど、いつも遠まわり。毎日、同じルートで通学してる。登校したあとも、教室に入るまでに時間がかかるの。今朝《けさ》はごきげんで登校したのに、いつもの場所にかさ立てがなかっただけで、パニック。雨でもないのに、かさ立てがそんなに大事？

毎朝、花だんをとおって教室へ。何か決まりがあるのかな？

そうたさんは、毎朝、学校に来たら、やることが決まっています。正門で警備員《けいびいん》さんに「おはようございます！　よろしくお願いします」とあいさつ。すぐに校舎には入らず、花だんのまわりをぐるりとまわって、ウサギ小屋を確認《かくにん》し、げたばこでくつをはきかえ、かさ立てに入っているかさの向きと色をそろえてから、廊下《ろうか》のはしっこを歩いて、自分の教室へ。

大ピンチ！　「いつものかさ立てがない?!」

ところが今朝はいつもとようすがちがいます。かさ立てがこわれていたので、用務主事の山田さんが修理《しゅうり》のため移動していたのです。いつもの場所にかさ立てがないの

まわりの人が思うこと

なんで、いつも同じことをするのかな？　変なの。急ぐときには近道するとか、省略《しょうりゃく》するとか考えないのかな？

かさ立てがみつからないだけで、急にさけびだしてびっくりだよ。

に気づいたそうたさん。泣きさけんで大パニック！

廊下を走り回るとあぶないよ！

パニックを起こしたそうたさんは、さけびながら、廊下をぐるぐる走り回ります。
「あぶないよ」。みんなが声をかけるけど、耳をふさいでとまってくれません。

そうたさんが、いなくなった！

山田さんが追いかけようとすると、すごいスピードで、階段をかけのぼり、にげていってしまいました。あっというまのできごとに、みんなは、あぜん。「おーい」「そうたさーん、どこに行ったの？」「教室にもいないみたい」。いったいどこに行ってしまったのでしょうか？

カーテンでぐるぐる巻き。いったい、どうしたの？

「家にも帰っていないらしいよ」「だったら、学校にいるのかな？」。「おーい。そうたー」先生もクラスメイトもみんなでそうたさんをさがします。

そしたら、そうたさん。なんと、音楽室のカーテンで、ぐるぐる巻きになっていました。「そうたさん。出ておいで」「ほらほら。もうすぐ朝礼がはじまるよ」。先生が声をかけても、かたくなに出てこようとしないのです……。

そうたさん。どうしちゃったの。いつもはニコニコおとなしいのに、いきなりおこり出すから、どうしたらいいのかわからないよ。

みんながとめても、ふりはらって走って行っちゃった。

なんでカーテンの中にいるのかしら？　そういえばつくえの下とか、ロッカーの中とかせまいところが好きよね？

⑩ そうたさんの場合

なんでこうなるの？

そうたさんは、どう思っているのかな？

いつもの道、いつもの順番《じゅんばん》が安心できる

ぼくにとって、いつもとちがうやり方、ちがう順番でするのは、とてもつらいこと。

いつもの道をとおって、学校について、一番にすること、二番にすること……というふうに、決まっていると安心できる。ものの並べ方にもこだわりがあるよ。

同じじゃないと、おちつかない

ジグソーパズルのピースがひとつかけていると、パズルはできないでしょう？　並べ方がちがっていても、ダメだよね。それと同じで、ひとつでもなかったり、ちがっていたりすると、すごく気持ちが悪くなるんだ。

いつものかさ立てが、いつもの場所になかったので、次に何をしていいのかわからなくなってしまったんだ。

そうたさんには、いつもどおりにしたい理由があるのね。

そうたさんの頭の中には、すごーく細かいところまで決まった設計図があるみたいな感じ？

でも、いつもとちがうことはたくさんあるわよね。困るんじゃないかしら？

そうたさんには、こんな特徴《とくちょう》があります。

知っておきたい
自閉スペクトラム症

自分のルールがある

そうたさんは、ものの並べ方、時間のすごし方、行動の順番など、こだわりがたくさんあります。変化が苦手なので、自分のルールや手順《てじゅん》をきっちり守って生活しています。

予想外のできごとに対応できない

いつもとちがうことがあると、どうふるまっていいのかわからなくなってしまいます。予想しなかったことがおきると、パニックになり、その場で固まってしまったり、大声をあげたり、泣きだしてしまうこともあります。

自分の気持ちをうまく表現できない

知的障害があるそうたさんは、自分の気持ちを言葉《ことば》にすることができません。みんなが同時に声をかけたり、大きな声で呼びかけたりして、刺激《しげき》が多いとパニックが増長します。

せまいところがおちつく

苦手な刺激からにげるために、カーテンの中、ロッカーの中、机の下などのせまい空間ににげこむことがあります。

せまいところ、静かな場所がおちつく

せまいところに入りこむのは、いやな音や困ったことからにげたいとき。大きな声で呼《よ》ばれたり、みんながバタバタしていたりすると、こわくなる。一人になっておちつきたいときに、自分の好きな場所に行くことにしているんだ。音楽室のカーテンは、さわりごこちもいいから、気持ちがおちつくの。

なんでにげるんだろうって不思議だったけど、みんながさわいでいたので、こわかったのね。わたしたち、おこっていたわけじゃないのよ。

こうすれば、うまくいきそう！

1 「いつもどおり」を大事にする

そうたさんが安心して学校に来られるよう、いつも同じ順番で行う行動について、みんなで理解《りかい》し、尊重《そんちょう》することにしました。いつもどおりできなくなると、そうたさんが不安になるので、ものの場所や並べ方など決められたルールは、みんなで守ることにしました。

同じ場所に同じものがあると安心だなぁ。

2 変わるときは、前もって知らせる

ものを動かすなど変化がある場合や、いつもしている行動ができない事情《じじょう》があるときには、前もって知らせておくことにしました。「今日は、かさ立てがありません」など、写真や絵を使い、そうたさんがわかるように説明します。

今日はかさ立てがないんだなって、わかっているから、パニックにならなかったよ。

CHECK POINT

パニックには、理由がある!!

自閉スペクトラム症の子の多くは、自分のルールをもっていて、人にあわせるのは苦手です。また、いつもとちがうことや、予想ができないことがおきると、どうふるまえばいいのかわからなくなる場合があります。

❶その人のルールや順番をまわりが理解し、大切にできているか。

❷変化がある場合や、いつもと同じことができない事情があるときに、前もって本人がわかるように知らせているか。

❸パニックをおこしたり、混乱《こんらん》してしまったときに、刺激が少ないおちつける場所はあるか。

❹パニックなどに対して、まわりがおちついておだやかに対応できているか。

3
大声でなく、おだやかに声をかける

カーテンにくるまることで気持ちをおちつかせているようすだったので、おちつくまでしばらく待つことにしました。少ししてから、おだやかに「だいじょうぶだよ。出ておいで」と声をかけました。そうたさんが好きな電車の本をみせ、「これを読もうか」と話しかけたら、安心して出てくることができました。

先生もみんなもわいわいさわいでいたから、おこっているみたいでこわかったけど、カーテンにくるまっていたら安心できた。電車の本もありがとう。

11
そうたさんの場合

会話がとんちんかん

そうたさんって、本当に変わってる。

会うたびに「たんじょうびはいつですか?」って質問《しつもん》してくるから、正直《しょうじき》めんどうくさい。

なのに、こっちが話しかけても、まったく答えてくれなくて、知らんぷり。

そうたさんと楽しくおしゃべりするには、どうしたらいいのかな?

何度も「たんじょうびはいつですか?」って聞いてくる

そうたさんは、休み時間に廊下《ろうか》で会うといつも「たんじょうびはいつですか?」って聞いてくる。もう、何度も答えているのに、同じ質問ばかり。「5月です」って答えたら、返事もせずにゲラゲラ笑ってどこかに行っちゃった。

そうたさん、しつこすぎるよ

同級生のまりかさんのことが気になるみたいで、まりかさんに何度も「たんじょうびはいつですか?」って、聞くんだよ。給食当番のときや、しつこく質問をくりかえすから、まりかさんはうんざりしてるみたい。

まわりの人が思うこと

答えはわかっているはずなのに、同じことばかりなんで聞くの?

しつこく質問をくりかえすのはどうして? めんどうくさくなっちゃう。

人がいやがることを聞いてくるの、いじわるなのかなぁ？

同じ班のゆうじさんには、「さかあがりできる？」って聞いてくるの。さかあがりができないゆうじさんは、聞かれるたびに「イラッ」としているんだけど、「できないよ」って答えるまで、しつこく質問をやめないんだから、いじわるだよね。

そうたさん、聞こえていないのかな？

なのに、おともだちが話しかけても、知らん顔でムシするんだから不思議。交流学級でなかよくしているりょうたさんがそうたさんに、「今日の放課後どうする？」って聞いたのに答えてくれません。「どうする？」って聞いたら、「どうする？」ってオウム返し。まったく会話が成立しない……。

いきなり「痛いよう。痛いよう」って、さけび出した！

りょうたさんが「遊ぼうか？」って聞いたら、いきなり大きな声で「痛いよう。痛いよう」ってさけび出した。どうしたんだろうって、みんなふりむくし、りょうたさんも困ってるよー。

さかあがりができないのを知ってるのに、何度も聞かれたらいやになるよ。人の気持ちは考えないのかなぁ。

「どうする？」ってきかれて、「どうする？」ってそのまま言い返してくるのは、なぜ？　意味がわかっていないのかなぁ。

ぼくは、痛いことなんて何もしてないよ。

⑪ そうたさんの場合

なんでこうなるの？

そうたさんは、どう思っているのかな？

同じやりとりが安心する

質問して思ったとおりの答えがかえってくると安心する。だから、「たんじょうびはいつですか？」って聞いて、「5月5日」って答えてもらえると、うれしくなる。「5月」だけだとなんかちがう。だから、期待している答えが返ってくるまで、何度も質問しちゃうの。

人の気持ちは見えないし、わからない

やりとりが楽しいだけだから、まりかさんやゆうじさんの気持ちは、よくわからない。ぼくは楽しいけど、まりかさんやゆうじさんは楽しくないのかな？

ゲームでもやっている感じなのかな？　答えを知りたくって聞いているわけじゃないのね。

同じパターンのやりとりが安心できるんだね。いじわるしてるんじゃなかったんだ！

そうたさんには、こんな特徴《とくちょう》があります。

知っておきたい
自閉スペクトラム症

パターン化したやりとりが好き

そうたさんが同じ質問をくりかえすのは、パターン化したやりとりを楽しんでいるからです。いつもとちがう答えが返ってくると納《なっ》得《とく》できず、期待する答えが返ってくるまで何度も同じ質問をしてしまうこともあります。

質問に答えることがむずかしい

知的障害もあるそうたさんは、話の内容を理解《りかい》して、相手の答えに応じて会話を進めることができません。オウム返しになるのは、何を質問されているのか意味がわからないからです。自分の気持ちや考えを言葉にするのはむずかしく、「どうする？」「どうして？」などの質問には答えられないのです。

相手の気持ちはわかっていない

さかあがりができないゆうじさんや、しつこくされていやがるまりかさんの気持ちは考えられず、「いやがっているよ」と教えても、想像することがむずかしいようです。

思い出した言葉《ことば》を言っただけ

「どうする?」の意味がわからなかったから、そのままの言葉を返したの。そのあと、「遊ぼうか?」って言われて、遊んでけがをしたときのことを思い出した! 「痛いよう」ってぼく泣いたんだ。そのときの言葉をそのまま言ってみた。

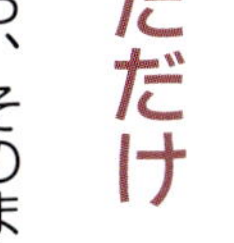

「どうする?」という質問だと、何を答えていいのかわからなかったんだね。今度から、気をつけるよ。

⑪ そうたさんの場合

こうすれば、うまくいきそう!

1 答えられるときには答えることにする

決まったやりとりをすることで、そうたさんは安心するようなので、とくに問題がない場合はパターンどおりに答えます。ただ、しつこくくりかえして終わらない場合は「そうたさん。おしまい!」と言って、きりあげることにしました。

質問をして期待どおりの答えが返ってくると、この人はぼくの話を聞いてくれてるんだなぁって安心する。

2 いやな質問は「ダメ」とやめさせる

相手にとって、いやな質問や困る質問は、「答えません」ときっぱり伝え、やめさせることにしました。「相手がいやがっているよ」「困っているから、やめようね」などと伝えても人の気持ちを推察《すいさつ》するのがむずかしいので、「その質問はダメです」「楽しくないです」とはっきり制止《せいし》します。

ダメなときは「ダメ」「おしまい」って、はっきり言ってもらうほうがよくわかる。

CHECK POINT

会話がむずかしくても、コミュニケーションは楽しめる！

　言葉が少なく会話がむずかしいタイプでも、コミュニケーションを楽しむことができます。その子が何に注目していて、どんなことを考えているのか想像してみましょう。

そうたさんの
考えは…？

❶わかりやすい言葉や、その子にあわせた方法で、こちらの思っていることや、聞きたいことを伝えているか。

❷こちらの価値観や好みをおしつけず、その子の気持ちや言いたいことを想像し、くみとっているか。

❸質問があるときには、絵カードを使う、どちらか選んでもらうなど、わかりやすい方法を使っているか。

❹たとえとんちんかんでも、その子なりの、会話のやりとりを楽しめているか。

3
質問に答えやすいように、工夫する

どっちにする？
パズル
トランポリン

そうたさんは、相手の質問の意味がわからなくて、オウム返しになることがあります。「どうする?」「どう思う?」などの質問はむずかしく、自分の気持ちや状況《じょうきょう》を伝えることができないのです。

なので、本当に確かめたいことがある場合は、選択肢《せんたくし》を示して選んでもらうことにしました。

「今からパズルとトランポリンとどっちで遊ぶ？」と聞かれたから、「パズル」って答えたよ！

⑫ そうたさんの場合

ようすがおかしい。話しかけても、ムシ？

今日は地元《じもと》の神社のお祭り！　屋台にぼんおどり、楽しいことがもりだくさん。だけど、お祭り初参加《はつさんか》のそうたさんは、なんだか、そわそわ。おちつかないようす。先生が「そうたさん」って声をかけても、おともだちが話しかけても、耳に入らないみたい。一人でぴょんぴょん、ひとりごとを言い続け、ちょっとこわい。そうたさん。どうしたの？

まわりの人が思うこと

大きな声で呼《よ》んで、手まねきしたんだけど、聞こえなかったのかな？

そうたさん。お祭りだよ

毎年、地元の子どもたちが楽しみにしているお祭りの日。神社にはにぎやかなおはやしがひびき、ところせましと屋台が並びます。お祭り初参加のそうたさんもお母さんにつれられて、神社にやってきました。

なんで声をかけてもムシするの？

「そうたさん。みんな、いるよー。こっち、こっち！」。

そうたさんをみつけた同級生のゆかりさんが、遠くから声をかけます。手まねきするけど、そうたさんは知らん顔。ゆかりさんの声が聞こえないのかな？

そうたさん。カメさんだよ。こっちにおいでよ！

「ほら、見て！　カメさんがいるよ」、「こっち。こっち」。ゆかりさんは、そうたさんに「カメすくい」のカメを見せたくって、指《ゆび》さすのだけど、やっぱり、そうたさんは知らん顔です。

げらげら笑いながら、ぴょんぴょんとんでる！　どうしたのかな？

そうたさんは屋台をみようともせず、はなれた場所で、一人ぴょんぴょんとんだり、ぐるぐるまわったり。ときどき「そうぶせん！」とさけんだり、大きな声でげらげら笑ったり。なんだかようすがおかしいのです。

そうたさん。先生だよ！

担任のみどり先生も今日は浴衣《ゆかた》で、お祭りにやってきました。

そうたさんをみつけて「こんばんは」と声をかけたけど、そうたさんはぷいっと顔をそらせてしまいます。なんと、先生のこともムシ？　お母さんが「そうた。先生だよ。あいさつは？」ってうながすけど、無言《むごん》でむこうに行ってしまいました。

せっかくカメを見せようと思ったのに、そうたさんはお祭りがきらいなのかなぁ。

そうたさん。なんだか、いつもとようすがちがうよ。ひとりごとを言ったり、大声で笑ったり。

まさか先生のことも忘れちゃったの？　いったい、どうしたの。そうたさん、ごきげんが悪いのかなぁ。

⑫ そうたさんの場合

なんでこうなるの？

そうたさんは、どう思っているのかな？

遠くから話しかけられても、気がつかない

ぼくのことを呼んでいたの？　自分に話しかけられていても、うるさい場所だと、いろんな音と人の声がたくさん聞こえて、気づかないことが多い。とくに遠くから声をかけられたり、手まねきされても、自分に話しかけられているってわからない。

印象がちがうと、同じ人だとわからない

先生やクラスメイトは学校にいる人、親やきょうだいは家にいる人と思っているので、別の場所で会うとびっくりするし、すぐに同じ人だとわからない。

それに、ぼくは人を、めがね、ひげ、洋服など気になるところでおぼえてる。だから、いつもめがねをかけている先生が、めがねをはずして浴衣を着ていると、先生だってわからないよ。

呼んでも、手まねきしても反応がないから、「どうしてムシするの？」ってがっかりしちゃったけど、そうたさん、うるさい場所だと、自分が呼ばれているって、気づけないんだね。

わたしが浴衣を着ていたから、そうたさんはわからなかったのね。そうたさんをおどろかさないように、ちゃんと「みどり先生だよ。こんばんは」って、あいさつすればよかったわね。

そうたさんには、こんな特徴《とくちょう》があります。

知っておきたい
自閉スペクトラム症

呼ばれてもわからないことがある

遠くから呼ばれたり、うるさい場所で声をかけられたりしても、話しかけられていると気づくことができません。指さしや手まねきも苦手なので、ジェスチャーがつうじないことがあります。

いる場所や特徴で人を見わける

人を場所（学校＆店など）とセットでおぼえていたり、ひげ・めがねなど一部の気になるところで見わけています。いつもとちがう場所で会ったり、特徴が変わってしまうと、同じ人なのかわからなくなります。

ひとりごとを言う

テレビなどで聞いて気にいったフレーズや好きな電車の名前などをくりかえし、ひとりごとを言うことがあります。だれかに話しかけているわけではないのですが、何か伝えたいことがあるのかもしれません。ひとりごとをきっかけに会話がうまれる場合もあるので、何を伝えたいのか想像してみましょう。

ぴょんぴょんはねたり、ぐるぐるまわる

とくにいつもとちがう場面で、興奮したり、混乱《こんらん》したり、気持ちのコントロールができなくなると、はねたり、まわったりすることが多いようです。とても楽しいときや、うれしいときに、テンションが高くなり、ぴょんぴょんすることもあるようです。

どうしたらいいのか、わからないから、ぴょんぴょんしてた！

お祭りは、はじめてだったから、どんなところかわからなくて困った。いつもの神社がいつもとちがうし、たくさん人がいて、にぎやかな音がいっぱいで、どうしていいのかわからなくなった。ぴょんぴょんとんだり、ぐるぐるまわったりすると、ちょっとおちつく。

そうたさん。楽しいとか、困ったとか、おどろいたとか、いろんな気持ちがわいてきて、どうしたらいいのかわからなかったんだね。

⑫ そうたさんの場合

こうすれば、うまくいきそう！

1
混乱しないよう、事前に説明する

今日は
お祭りです

状況《じょうきょう》がわからないと、混乱し不安になってしまうことがあります。なので、「今日は神社のお祭りです。お店がいっぱいでます。ぼんおどりをおどります。ともだちや先生はみんな浴衣を着ていきます」など、絵や写真を使いわかりやすく説明しました。

お祭りがどんなことなのか、だれが来るのか、前もってわかっていたから、困ることが少なかったよ。

2
なるべく近づき、名前を呼んで話しかける

そうたさん
こんばんは
みどり
先生よ

遠くからではなく、「そうたさん。こんばんは」と、正面から名前を呼び、話しかけます。いつもとちがう場所で会うときには、「みどり先生だよ」と、安心できるように自《じ》己紹介《こしょうかい》をすることにしました。指さしもわかりづらいので、「この指の先にカメがいるよ」など、わかりやすく伝えます。

ゆかりさんと先生が話しかけてくれて、カメも見ることができて、うれしかった。

3 楽しく参加《さんか》できるよう、おちついて待つ

まずは、刺激《しげき》が少ない静かな場所を確保《かくほ》します。そのうえで、おちついて「おどりにいきますか？」「カメを見に行きますか？」などと聞きます。楽しくて興奮しているのか、不安で混乱しているのか、どんな気持ちなのかを想像しながら、楽しく参加できるまで、ゆっくり待ちます。「ぴょんぴょんしないで」と禁止したり、「終わるから早く」などとあせらせたりするのはNGです。

お祭りがどんなものかわかったから、来年からは、もっと長い時間、楽しく参加できそう。

CHECK POINT

はじめてのチャレンジが楽しい経験になるように!!

はじめてのことや情報《じょうほう》が多い場所が苦手なタイプの場合、混乱してしまうと、楽しく参加できません。はじめてのチャレンジが楽しい経験になるよう工夫しましょう。

❶「どんな場所で」「だれがいて」「何をするのか」など、本人がイメージできるような具《ぐ》体的《たいてき》な情報が、本人にわかりやすく伝えられているか。

❷本人がどんな気持ちなのかを想像しながら、コミュニケーションをとる努力ができているか。

❸混乱していることであらわれている行動を、その背景《はいけい》を考えずに、「ダメ」などと一方的に禁止していないか。

❹本人が自分のペースで参加できるよう、待ってあげられているか。

この本に出てくる5人のおともだちの、特徴《とくちょう》をふりかえってみよう！

5年生 あすかさん

- いつもとちがうことは苦手
- 同じパターンで行動するのが得意
- 集団行動がむずかしい
- いっぺんにみんなが話すとわからなくなる
- 気持ちを想像するのが苦手

6年生 てつおさん

- 見通しを立て、予定を組むのが苦手
- 熱中《ねっちゅう》するとほかが見えなくなる
- 体を使うのが苦手で、とっさに指示《しじ》どおり動けない
- ルールを自然におぼえられない
- 好みがはっきりしていて、知識が豊富
- 人の気持ちや空気を読むのは苦手

3年生 だいすけさん

- 感覚《かんかく》がするどい
- 行動をきりかえられない
- だんどりを考えるのは苦手
- すごい集中力（過集中）だけど、集中力にむらがある
- 耳から聞き理解《りかい》すること、長い文や物語を読み取るのは苦手

4年生 すみれさん

- においに対する感覚がするどい。味や舌ざわりも強く感じる
- 苦手なことをがまんしてしまう
- 不安が強く、不安が体の不調にあらわれやすい
- 気持ちをきりかえられない

5年生 そうたさん

- 自分のルールがあり、予想外のできごとに対応できない
- 自分の気持ちをうまく表現できず、質問《しつもん》に答えるのもむずかしい
- せまいところがおちつく
- おちつかないと、ぴょんぴょんはねたり、ぐるぐるまわる
- パターン化したやりとりが好き。ひとりごとを言う

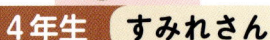

第2章

どこがちがうの？ 自閉スペクトラム症の子の見え方・感じ方

自閉スペクトラム症とは、どんな障害なのでしょうか。

自閉スペクトラム症の子は、どのようにものごとをとらえ、

どんなふうに感じているのか、

そして、どんなことに困っているのか、

今わかっていることを解説します。

1 自閉スペクトラム症って何？どんな人たちなの？

心の病気なの？ひきこもりとはちがうのかな？

自閉スペクトラム症は先天的な脳の特性による障害で、心の病気ではありません。自分のからに閉じこもっているわけでもなく、ひきこもりともちがいます。

　もののとらえ方や感じ方について共通する特性があるといわれていますが、その個性はさまざま。

　この本に出てくる、そうたさんのように、言葉《ことば》が少なくほとんど会話ができないタイプもいる一方で、あすかさんやてつおさんのように、とってもおしゃべりなタイプの人もいます。「自閉症」という名前からはイメージしづらいかもしれませんが、だいすけさんのように元気いっぱいで明るいタイプの自閉スペクトラム症の人もいるのです。

何がきっかけで自閉スペクトラム症になるの？

自閉スペクトラム症は生まれつきのものなので、「3歳より前に症状があらわれていること」という診断《しんだん》の条件があり、専門のお医者さんが診断します。親の育て方（しつけ）や、何かほかのきっかけがあって自閉スペクトラム症になることはありません。

べんきょうがよくできるのに、障害なの？

自閉スペクトラム症の「スペクトラム」とは「連続体」という意味。自閉スペクトラム症には、知的障害をともなう人からとても高いIQ（知能指数）をもつ人まで幅広いタイプがいて、ボーダレスにつながっているのです。

ですから、べんきょうがとてもよくできる人のなかにも、自閉スペクトラム症の人はいます。

自閉スペクトラム症の中でも言葉のおくれや知的障害が目立たないタイプをアスペルガー症候群《しょうこうぐん》とよぶことがあります。

発達障害ってときどき聞くけど、自閉症と発達障害は同じなの？

日本では、自閉スペクトラム症のほか、特定の学習だけ苦手な学習障害（LD）、注意力や行動・感情のコントロールがむずかしい注意欠如・多動症（ADHD）、トゥレット症候群、吃音《きつおん》などが、まとめて発達障害とよばれています。いろんな特性をあわせてもっている人も多く、年《ねん》齢《れい》などによっても目立つところがちがうため、専門のお医者さんでも簡単《かんたん》には見わけることがむずかしい場合もあります。

たとえば、てつおさんが忘れものをしてしまったり、カギをなくしてしまったり、注意力にムラがあるのは、自閉スペクトラム症だけでなくADHDをもっているからです。

あすかさんが思いついたことをそのまま言ってしまい、自由気ままにふるまってしまう背景《はいけい》にもADHDがあるかもしれません。また、だいすけさんがバケツをひっくりかえしたり、教室を飛び出してしまったり、まわりがびっくりするような行動をとってしまうのは、ADHDの特性で自分の気持ちや行動をおさえることができないことが関係しているかもしれません。だいすけさんは字を読むのが極端《きょくたん》に苦手なのでLDもあるかもしれませんね。

こんなふうに、発達障害のいろんな特性をあわせてもっている人はめずらしくありません。

2 自閉スペクトラム症の子は、どんな見え方・感じ方をしているの？

一見、わたしと変わらないんだけど、どんな障害なの？

たしかに、見た目だけでは「自閉症」はわかりません。症状には個人差がありますが、脳のはたらき方や使い方がみんなとちがうため、できることとできないことにも、ばらつきができてしまいます。

言葉《ことば》の発達が遅れたり、人とのかかわり方がわからなかったり、あたりまえにできるはずのことが身につかなかったり、常識がずれていたり、さまざまな場面で、困ってしまうことがあるのです。

「いっしょに遊ぼう！」ってさそっても遊んでくれないときがある。

同年代と遊んだりおしゃべりしたりすることは、あまり得意ではないようです。

とくに、幼稚園や保育園、小学校の低学年ぐらいまでは、ほかの子どもに関心を示さなかったり、人より物に強い興味《きょうみ》をもったり、「おともだちと遊ぶより、ひとり遊びのほうが好き」という自閉スペクトラム症の子はめずらしくありません。

成長とともにだんだん人への関心も生まれてきますが、集団での行動は苦手な場合が多いのです。

話がつうじなかったり、会話がとんちんかんなのも、自閉スペクトラム症だからなの？

たとえばてつおさんのようにむずかしい言葉や四文字熟語などを好んで使う子でも、話が一方的《いっぽうてき》で、会話のキャッチボールがむずかしい場合があります。

あすかさんも自分の興味があることはずっと話し続けるのに、おともだちとわいわい話すのは苦手なようすでした。

また、そうたさんは「そうぶせん」「にっぽんいち」など、自分の好みの言葉をくりかえし話し続けますが、人の問いかけにはなかなか答えてくれません。

このような、「独特なコミュニケーション」は、自閉スペクトラム症の大きな特徴《とくちょう》のひとつです。

すぐにおこったり、泣いたり、なんだか、つきあいにくいよ。

自閉スペクトラム症の本人たちも「人との関係はむずかしい」とか「めんどうだ」と感じています。相手の気持ちを想像したり、表情を読んだりすることが苦手だからです。

そのため、そうたさんのように人がいやがる質問《しつもん》をしつこくくりかえしたり、あすかさんのように、悪気《わるぎ》がないのに相手をおこらせてしまったり、「空気を読まないやつ」と思われてしまうことがあります。

なかには、悪口を言われたり、いじめられたり、仲間はずれにされたりして、人とつきあうのがいやになってしまう人もいます。

人の気持ちだけでなく、自分の気持ちをとらえることも苦手です。そのとき感じている感情が不安なのか、いかりなのか、または別のものなのか、わからないまま、コントロールできない気持ちだけが高まって、パニックになってしまうことがあります。

呼んでもムシしたり、勝手《かって》なところがあるんだけど……

自閉スペクトラム症の子の大半は、一度に二つのことを同時に行うのが苦手です。だいすけさんのように何かに集中しているときには、ほかのことに気づかなかったり、話しかけられても耳に入ってこなかったりすることがあります。無視しているつもりはなく、本当に聞こえていないのです。

ものの並べ方とか、道順とか、こだわりが強いのはなぜ？

多くの自閉スペクトラム症の人は次におこることを想像することが苦手なので、「いつもとちがうこと」より、「いつもと同じこと」を好みます。そうたさんが毎朝同じ順番《じゅんばん》で通学するのは、パターンが決まっていると安心できるからです。パターンへのこだわりは、まわりから「融通《ゆうずう》がきかない」「ガンコ」などと思われてしまうことがあります。

一方で、「ルールを守る」「予定どおりに行動する」などの長所にもつながります。

運動会や文化祭はきらいなの？楽しくないのかなぁ？

「いつもとちがうこと」をきらうタイプの自閉スペクトラム症の子は、運動会・文化祭などのイベントが大の苦手です。「いつもとちがうこと」がたくさんおこるので、あすかさんやすみれさんのように不安が強くなり、楽しめないことがあります。

学校はジャングルみたい。
だしぬけに大きな音がしたり、
だれかがけんかしたり。
いつ何がおきるのか、
ぜんぜん予測《よそく》がつかなくて、
こわい……。

すごい才能があるって、ほんと？

自閉スペクトラム症の子のなかには、一度聞いただけの音楽を演奏できたり、電話番号やたんじょうびなどをたくさんおぼえていたり、まるで写真のような絵がかけたり、信じられないような才能をもつ人がいます。また、多くの自閉スペクトラム症の子は自分の好きなことに対して、深く集中できる力をもっています。

けれども、何が得意なのか、本人やまわりが気づいていない場合も多いのです。得意なことや、その子ならではの才能をみつけてあげられるといいですね。

ちょっとした音で耳をふさいだり、おおげさじゃない？

音の聞こえ方が、みんなと少しちがうようです。小さな音でも、自閉スペクトラム症の子はばくだんがばくはつするようなおそろしい音に感じていることがあります。大きな音じゃなくても、赤ちゃんの声、ドライヤー、そうじ機、ハーモニカ、トイレを流す音など、人によっていやな音はさまざまです。

また、そうたさんのように、音や光などたくさんの情報《じょうほう》がいっぺんに入ってくると、混乱《こんらん》しパニックになってしまうことがあります。脳の中で、自分に必要な情報を選びとる力が弱いからだといわれています。

脳の中で、自分に必要な情報を選ぶって、どういうこと？

たとえば人ごみの中で知り合いの顔をみわけたり、ざわざわした室内で先生の話を聞きとったりすることに、とても苦労することがあります。大事なことを見落としたり、聞きもらしたりすることもあるのです。

そのため、ものごとに対する理解《りかい》が、まわりの人とずれてしまったり、まちがってしまったりします。

苦手なのは音だけ？ほかにも苦手なことがあるの？

聞こえ方だけでなく、見え方、味・におい・痛み・温度などの感じ方もちがう場合があります。すみれさんのように、味、温度、舌ざわり、特定のにおいなどをすごくいやがる人がいたり、だいすけさんのように、人からさわられることがきらいで軽くさわられただけでもたたかれたように感じ、おこり出してしまう場合があります。洋服のタグや、ズボンやくつしたのゴムなどが、痛くてたまらないという人もいます。

「これが苦手！」といういやな感覚《かんかく》が、一人ひとりちがうので、なかなかまわりからも理解してもらえず、苦しんでいる場合も多いのです。

③ みんなが楽しくすごせるように、何を手《て》伝《つだ》ってあげたらいいの？

①活動に楽しく参加《さんか》できるよう、予定は、前もって教えておく

はじめて行く場所や、はじめての活動は予測《よそく》がつけられず混乱《こんらん》したり、不安になったりすることが多いので、あらかじめ「何時にどこに行くのか」「どんな場所なのか」「何をするのか」「だれが参加するのか」などの予定を、しっかり説明しましょう。

イメージをつかむことがむずかしいので、本人にわかりやすい写真、絵、文字などを使い、安心できるよう工夫します。

②具体的《ぐたいてき》な言葉《ことば》や、わかりやすい方法で、ていねいに伝える

「どうしたの？」「ちょっと待って」など、あいまいな言い方やわかりにくい表現はさけ、「おなかが痛いの？　頭が痛いの？」「扉をあけるまで待ってください」などと具体的に伝えます。わかりやすい言葉ではっきり話すほうがいいのですが、声をはりあげると「おこられている」とかんちがいしてしまう子もいるので、おだやかにていねいな言葉づかいを心がけます。言葉で伝えるのがむずかしい場合は、絵やメモを使いましょう。

③ 注目してほしい重要なポイントを教え、気づけるよう手伝う

自閉スペクトラム症の子は、みんなが「あたりまえ」と思っているルールなどに、気づいていない場合があります。気づいていなかったり、誤解したりしていないか、気を配ってみてください。「こんなことくらい、わかっているはず」と放置せず、わかってほしいことがあるときは注目してほしい重要なポイントを教え、気づけるよう手助けします。いったん気づくと理解がすすむことがあります。

④ 休める場所やおちつける方法をみつけておく

さわがしい場所や人が多いところが苦手で、体育館・音楽室などをいやがったり、運動会などの行事でパニックをおこしてしまうことがあります。「わがまま」と思われがちですが、本人が安心して学習できる場所をつくってあげることは大切です。気持ちが高ぶったときにおちつけるひなん場所を用意したり、その子がおちつける方法もみつけておきましょう。

⑤ 一人ひとりのちがいを楽しみ、世界を広げよう！

自閉スペクトラム症の子は「不思議な子」「変な子」と思われがちですが、その個性は長所でもあります。「どうして、こんな行動をとったのかな？」と想像し、「そんな考え方があるんだ」と気づくことで、世界はどんどん広がります。いろんな人がいて、いろんな考え方がある。その多様性を楽しみましょう。

先生・保護者のみなさま・大人の読者の方へ

自閉スペクトラム症の子どもたちは、とてもユニークで、個性豊か。ほかの子どもたちと同じように、きらきらした才能をひめています。けれども、大多数の子どもたちと認知のシステムや感覚がちがうため、情報共有がむずかしく、生きづらさを抱えてしまいがちです。しかし、その生きづらさは外からわかりづらく、理解されることがむずかしい障害です。

この本に出てくる5人も、さまざまな場面で人知れず苦労していることがわかってもらえたのではないかと思います。

2005年に「発達障害者支援法」という法律が施行され、これまでは支援の対象となっていなかった発達障害の人を「学校や職場などで支えていこう！」と決められました。また、2016年には「障害者差別解消法」が施行され、学校などでの「合理的配慮」が義務づけられました。

学校の中でも、できる範囲で自閉スペクトラム症の子たちにとってわかりやすい授業を行い、しっかりと必要なことを伝え、学びやすい環境を整えることが急務となっています。

まわりが理解し、ていねいにかかわっていくことで、自閉スペクトラム症の子はゆっくりと発達し、必ず変化していきます。大切なのは、自閉スペクトラム症の子を訓練などにより学校や社会に無理やり適応させることではありません。みなで協力し、彼らが「参加したい」と自分から思えるような学校や社会を創り、彼らの主体性をはぐくんでいくことです。

そして、まわりの子どもたちには、自分と自閉スペクトラム症の子とのちがいを楽しみ、ちがいから学び・考え、共存していくことのすばらしさを体験していってほしいと願います。多様性を知ることは、だれもがみなかけがえのない存在であることを実感することにつながるからです。

おわりに

自閉スペクトラム症の人たちの不思議な世界。
興味《きょうみ》をもって読んでもらえましたか?

自閉スペクトラム症の人たちは、ちょっとみんなとちがいます。

でも、「ちがう」ということは、悪いことではありません。

どこがちがうのかを考えたり、
どうすればうまくいっしょにやれるのか作戦を練ったり、
ちがいをいかして協力したり……。

そんなふうに、楽しむことができれば、きっと、
みんなの世界は、どんどん広がっていくはずです。

参考資料など

『発達と障害を考える本①　ふしぎだね!?　自閉症のおともだち』
内山登紀夫　監修／諏訪利明・安倍陽子　編（ミネルヴァ書房）

『発達と障害を考える本②　ふしぎだね!?　アスペルガー症候群［高機能自閉症］のおともだち』
内山登紀夫　監修／安倍陽子・諏訪利明　編（ミネルヴァ書房）

『新しい発達と障害を考える本①　もっと知りたい！　自閉症のおともだち』
内山登紀夫　監修／伊藤久美　編（ミネルヴァ書房）

『新しい発達と障害を考える本②　もっと知りたい！　アスペルガー症候群のおともだち』
内山登紀夫　監修／伊藤久美　編（ミネルヴァ書房）

『新しい発達と障害を考える本⑤　なにがちがうの？　自閉症の子の見え方・感じ方』
内山登紀夫　監修／伊藤久美　編（ミネルヴァ書房）

『新しい発達と障害を考える本⑥　なにがちがうの？　アスペルガー症候群の子の見え方・感じ方』
内山登紀夫　監修／尾崎ミオ　編（ミネルヴァ書房）

『高機能自閉症・アスペルガー症候群入門―正しい理解と対応のために』
内山登紀夫・水野薫・吉田友子　編（中央法規出版）

『アスペルガー症候群を知っていますか？』
ローナ・ウィング　監修／内山登紀夫　著（東京都自閉症協会）

監修者紹介

内山登紀夫（うちやま　ときお）

精神科医師。専門は児童精神医学。順天堂大学精神科、東京都立梅ヶ丘病院、大妻女子大学人間関係学部教授、福島大学大学院人間発達文化研究科学校臨床心理専攻教授を経て、2016年4月より大正大学心理社会学部臨床心理学科教授。2013年4月より福島県立医科大学会津医療センター特任教授併任。よこはま発達クリニック院長、よこはま発達相談室代表理事。1994年、朝日新聞厚生文化事業団の奨学金を得て米国ノース・カロライナ大学TEACCH部シャーロットTEACCHセンターにて研修。1997～98年、国際ロータリークラブ田中徳兵衛冠名奨学金を得てThe center for social and communication disorders（現The NAS Lorna Wing Centre for Autism）に留学。Wing and Gouldのもとでアスペルガー症候群の診断・評価の研修を受ける。

デ　ザ　イ　ン　大野ユウジ（co2design）
イ　ラ　ス　ト　藤井昌子
Ｄ　　Ｔ　　Ｐ　レオプロダクト
編　集　協　力　尾崎ミオ（TIGRE）
企　画　編　集　SIXEEDS

あの子の発達障害がわかる本①
ちょっとふしぎ
自閉スペクトラム症ASDのおともだち

2019年 3月 1日　初版第1刷発行　〈検印省略〉
定価はカバーに表示しています

監　修　者　内　山　登　紀　夫
発　行　者　杉　田　啓　三
印　刷　者　森　元　勝　夫

発行所　株式会社　ミネルヴァ書房
607-8494 京都市山科区日ノ岡堤谷町1
電話 075-581-5191／振替 01020-0-8076

モリモト印刷

ISBN978-4-623-08500-2
Printed in Japan

[redacted]

あの子の発達障害がわかる本

ちょっとふしぎ

2

学習障害
LDのおともだち

内山登紀夫＝監修

ミネルヴァ書房

はじめに

あなたは学校が好きですか？　授業《じゅぎょう》は楽しいですか？　べんきょうは得意《とくい》ですか？

「国語は好きだけど、算数はあんまり……」とか、「授業はおもしろいけど、テストはきらい」とか、いろんな人がいるはずです。けれども、ほとんどの人が、「苦手なこともあるけど、まぁ、なんとかやっている」という感じなのではないでしょうか。

でも、もし、極端《きょくたん》に苦手なことがあって、先生の話がまったくわからなかったり、いつも質問《しつもん》に答えられなかったり、テストで悪い点ばかりとっていたりして、授業についていけなくなってしまったとしたら、どうでしょう。どんどんべんきょうがきらいになって、自信《じしん》がなくなり、学校に行くことさえ、おっくうになってしまうかも……。

あなたのそばに、そんな人がいるかもしれません。読み書き、計算など、どうしても苦手なことがあって、どんなにがんばっても、みんなと同じようにやれない、わからない。そして、それは、学習障害（ＬＤ）のせいかもしれないのです。

ＬＤの人は、生まれつき脳《のう》の働《はたら》き方にばらつきがあるため、見え方や聞こえ方がみんなとちがいます。そのため、みんなと同じ学び方では、うまくいかないことが多いのです。

ＬＤの人たちにはどんな特徴《とくちょう》があるのか、どんなことで困っているのかを知ってほしくて、この本をつくりました。

まわりが理解《りかい》し、その人それぞれに合った方法を工夫《くふう》できれば、ＬＤの人たちも楽しく授業に参加《さんか》することができるはずです。「こんな方法はどうだろう」「わたしだったらこうするかも」と、想像力をふくらませながら読んでみてください。

【もくじ】

第1章　なんでこうなるの？　どうすればいい？

第2章 どこがちがうの？ 学習障害（LD）の子の得意なこと・苦手なこと

第1章 なんでこうなるの？ どうすればいい？

学習障害（LD）の子の行動の背景《はいけい》にある感じ方やとらえ方を知るための章です。

4人のおともだちのふしぎな行動について紹介《しょうかい》しています。

さいしょのページ

みんなが
「ふしぎだな」「何でそうなるの？」
ととまどってしまう場面《ばめん》を、
紹介しています。

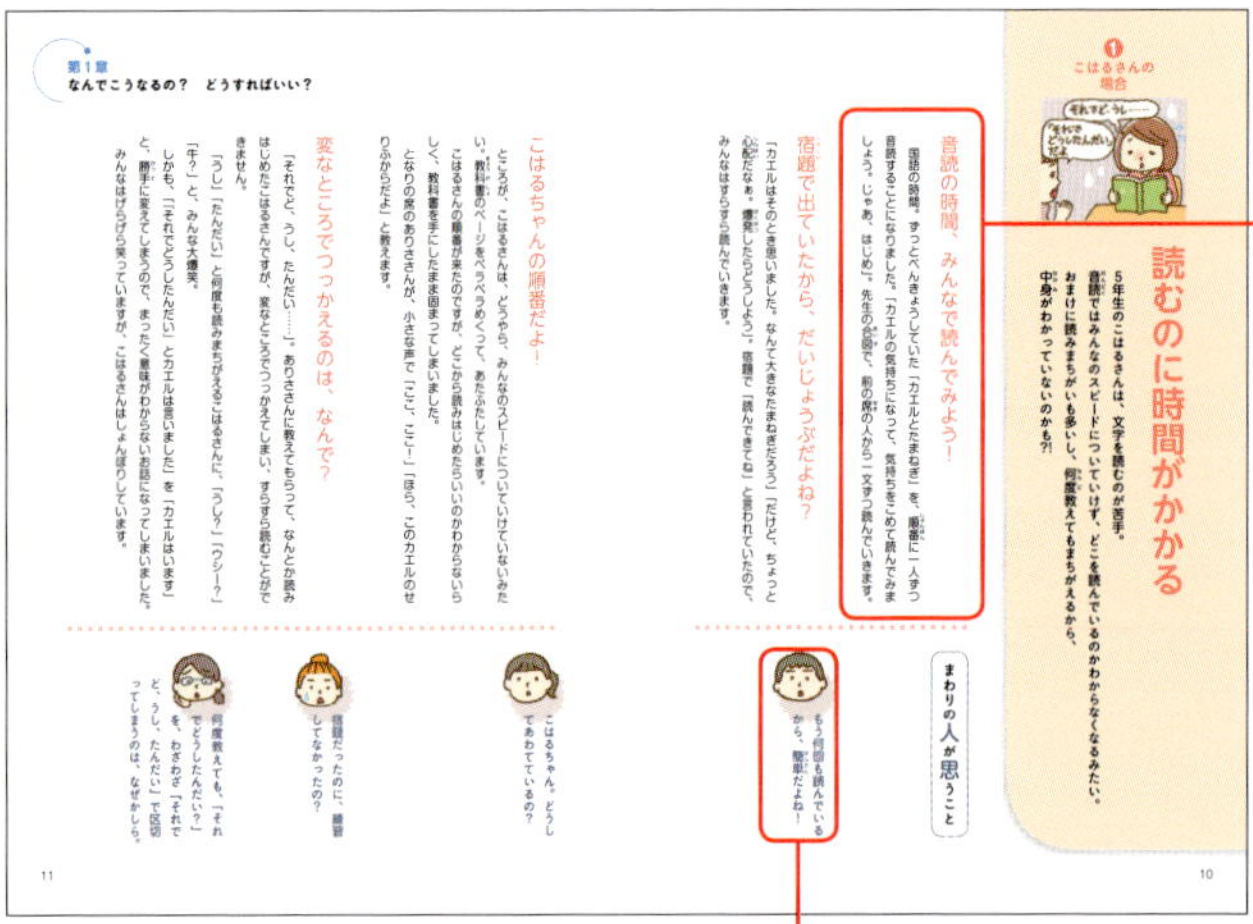

よくあるエピソードを紹介しています。

その場にいた、みんなの感想です。

つぎのページ

どうしてそうなってしまったのか、
LDのおともだちが
どんなふうに感じていたのか、
本人の視点で解説《かいせつ》します。

LDの子の、心の声を表しています。

エピソードをふりかえりながら、LDの特性を解説します。

LDの子のとらえ方を知って、みんなが感じたことです。

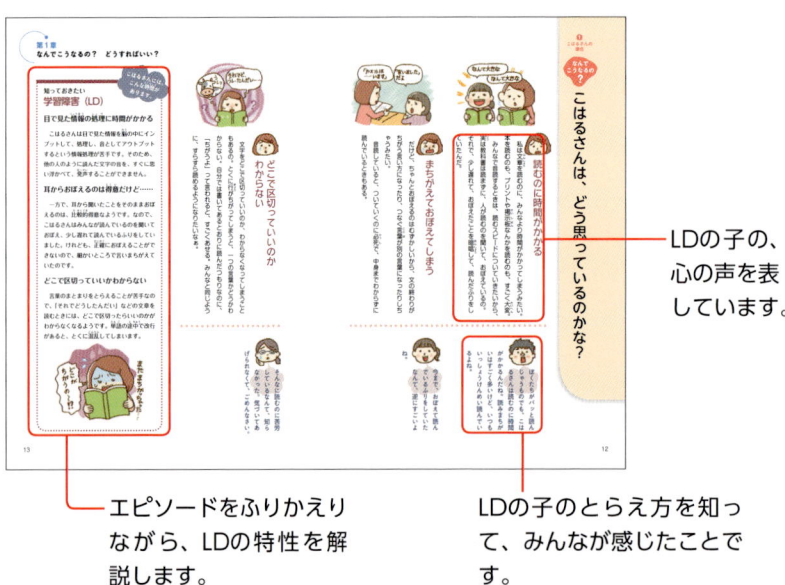

さいごのページ

どうすればうまくいくのか、どんな工夫《くふう》ができるのかを考えてみます。

その子の特性をふまえて、うまくいきそうな方法を紹介しています。

LDの子の感想を言葉《ことば》に表しています。

理解《りかい》を深めるために、とくにおさえておきたい大切なポイントをおさらいしています。

第2章 どこがちがうの？ 学習障害（LD）の子の得意なこと・苦手なこと

この章では、LDについて、さらにくわしく解説しています。

❶では、LDはどのような障害なのか、その特徴《とくちょう》を紹介します。

❷では、LDの子が、多くの人とちがってどんなことが苦手なのか、説明《せつめい》します。

この本に出てくる おともだち 紹介《しょうかい》

5年生　こはるさん

おっとりして、やさしい雰囲気《ふんいき》。
人と話をすることが苦手らしく、
話しかけると、
顔が真《ま》っ赤《か》になって、もじもじ。
声も小さくて、
何を話しているのかわからない。
いつも一人で絵をかいている。

5年生　りょうさん

元気いっぱいで、
ユニークなお調子者《ちょうしもの》。
いつも積極的《せっきょくてき》に手をあげて
発言《はつげん》するけど、実《じつ》は字を書くのや、
ノートをとるのが苦手。
忘れっぽく失敗《しっぱい》することも多いけど、
立ち直りは早い、明るいキャラ。

3年生　だいきさん

なんでもよく知っているので、
「博士《はかせ》」とよばれている。
とくに、電車や恐竜《きょうりゅう》、
歴史《れきし》などにくわしい。
べんきょうも得意《とくい》で、
成績《せいせき》はトップクラス。
だけど、実は算数が苦手。

3年生　さくらさん

おしゃべりで楽しい、
ムードメーカー。
ダンスが得意で、アイドルが目標。
べんきょうは好きじゃないらしく、
ついていくのに、せいいっぱい。
授業中《じゅぎょうちゅう》は、
かりてきた猫《ねこ》みたいになる。

第１章
なんでこうなるの？どうすればいい？

がんばっているのに、できない。

聞いていたはずなのに、わからない。

ミスや失敗《しっぱい》が多い。

学習障害（LD）の子どもたちは、

学校のさまざまな場面《ばめん》で、

苦手なことやできないことがあり、困っています。

本人がどう思っているのか心の声に耳をかたむけ、

どうすればうまくいくのか、いっしょに考えてみましょう。

1
こはるさんの場合

読むのに時間がかかる

5年生のこはるさんは、文字を読むのが苦手。音読《おんどく》ではみんなのスピードについていけず、どこを読んでいるのかわからなくなるみたい。おまけに読みまちがいも多いし、何度《なんど》教えてもまちがえるから、中身《なかみ》がわかっていないのかも?!

音読の時間、みんなで読んでみよう!

国語の時間。ずっとべんきょうしていた「カエルとたまねぎ」を、順番《じゅんばん》に一人ずつ音読することになりました。「カエルの気持ちになって、気持ちをこめて読んでみましょう。じゃあ、はじめ」。先生の合図《あいず》で、前の席《せき》の人から一文ずつ読んでいきます。

宿題《しゅくだい》で出ていたから、だいじょうぶだよね?

「カエルはそのとき思いました。なんて大きなたまねぎだろう」「だけど、ちょっと心配《しんぱい》だなぁ。爆発《ばくはつ》したらどうしよう」。宿題で「読んできてね」と言われていたので、みんなはすらすら読んでいきます。

まわりの人が思うこと

もう何回も読んでいるから、簡単《かんたん》だよね!

こはるちゃんの順番だよ！

ところが、こはるさんは、どうやら、みんなのスピードについていけていないみたい。教科書《きょうかしょ》のページをペラペラめくって、あたふたしています。

こはるさんの順番が来たのですが、どこから読みはじめたらいいのかわからないらしく、教科書を手にしたまま固まってしまいました。

となりの席のありさんが、小さな声で「ここ、ここ！」「ほら、このカエルのせりふからだよ」と教えます。

変なところでつっかえるのは、なんで？

「それでど、うし、たんだい……」。ありさんに教えてもらって、なんとか読みはじめたこはるさんですが、変なところでつっかえてしまい、すらすら読むことができません。

「うし」「たんだい」と何度も読みまちがえるこはるさんに、「うし？」「ウシー？」「牛？」と、みんな大爆笑。

しかも、「『それでどうしたんだい』とカエルは言いました」を「カエルはいます」と、勝手《かって》に変えてしまうので、まったく意味がわからないお話になってしまいました。

みんなはげらげら笑っていますが、こはるさんはしょんぼりしています。

こはるちゃん。どうしてあわてているの？

宿題だったのに、練習してなかったの？

何度教えても、「それでどうしたんだい？」を、わざわざ「それでど、うし、たんだい」で区切ってしまうのは、なぜかしら。

1 こはるさんの場合

なんでこうなるの？

こはるさんは、どう思っているのかな？

なんて大きな
なんて大きな

「カエルは……います」
「言いました」だよ

読むのに時間がかかる

私は文章《ぶんしょう》を読むのに、みんなより時間がかかってしまうみたい。本を読むのも、プリントや掲示板《けいじばん》なんかを読むのも、すごく大変《たいへん》。

みんなで音読するときは、読むスピードについていきたいから、実《じつ》は教科書は読まずに、人が読むのを聞いて、おぼえているの。それで、少し遅れて、おぼえたことを暗唱《あんしょう》して、読んだふりをしていたんだ。

まちがえておぼえてしまう

だけど、ちゃんとおぼえるのはむずかしいから、文の終わりがちがう言い方になったり、つなぐ言葉《ことば》が別の言葉になったりしちゃうみたい。

音読していると、ついていくのに必死《ひっし》で、中身までわからずに読んでいるときもある。

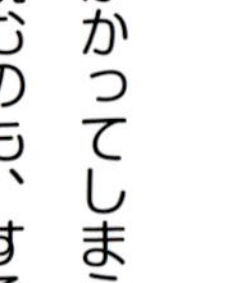

ぼくたちがパッと読んじゃうものでも、こはるさんは読むのに時間がかかるんだね。読みまちがいはすごく多いけど、いつもいっしょうけんめい読んでいるよね。

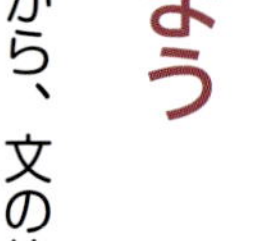

今まで、おぼえて読んでいるふりをしていたなんて、逆にすごいよね。

こはるさんには、こんな特徴《とくちょう》があります。

知っておきたい
学習障害（LD）

目で見た情報《じょうほう》の処理《しょり》に時間がかかる

こはるさんは目で見た情報を脳《のう》の中にインプットして、処理し、音としてアウトプットするという情報処理が苦手です。そのため、他の人のように読んだ文字の音を、すぐに思い浮かべて、発声《はっせい》することができません。

耳からおぼえるのは得意《とくい》だけど……

一方で、耳から聞いたことをそのままおぼえるのは、比較的《ひかくてき》得意なようです。なので、こはるさんはみんなが読んでいるのを聞いておぼえ、少し遅れて読んでいるふりをしていました。けれども、正確《せいかく》におぼえることができないので、細かいところで言いまちがえていたのです。

どこで区切っていいかわからない

言葉のまとまりをとらえることが苦手なので、「それでどうしたんだい」などの文章を読むときには、どこで区切ったらいいのかがわからなくなるようです。単語《たんご》の途中《とちゅう》で改行があると、とくに混乱《こんらん》してしまいます。

どこで区切っていいのか わからない

文字をどこで区切っていいのか、わからなくなってしまうこともあるの。とくに行《ぎょう》がちがってしまうと、一つの言葉かどうかわからない。自分では書いてあるとおりに読んだつもりなのに、「ちがうよ」って言われると、すごくあせる。みんなと同じように、すらすら読めるようになりたいなぁ。

そんなに読むのに苦労しているなんて、知らなかった。気づいてあげられなくて、ごめんなさい。

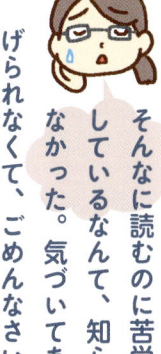

1
こはるさんの場合

こうすれば、うまくいきそう！

1
読むところを、あらかじめ教えておく

教科書の12ページを3行分、読んでもらいますね

順番に読むときには、どこがまわってくるのかわからなくて、こはるさんはドキドキしてしまうようです。あらかじめ、こはるさんに読んでほしいところを伝えておくことにしました。

みんなについていけなくて、どこを読むのかわからなくなっていたから、あらかじめ教えておいてもらえて、ほっとした。

2
ゆっくりでいいよと伝える

カエルは
そのとき
ゆっくりでいいよ

みんなのスピードについていかなければならないと思うと、こはるさんはよけいにあせってしまうようです。ゆっくりでもいいので、正確に読む練習をすることにしました。

ゆっくりでいいなら、わたしも、まちがえずに読めるかも。

CHECK POINT

読むのに時間がかかっても、読むこと自体がいやにならないように

読むのが苦手な子の場合、いくつかの原因《げんいん》が考えられます。なぜスムーズに読めないのかを探り、その子に合ったサポートを取り入れましょう。

❶文字をスムーズに追うことができているか（どこを読んでいるのか、わからなくなっていないか）。

❷読んだ文字から、音を思い浮かべるまでに、時間がかかっていないか。

❸言葉を正確におぼえているか（文字と音がむすびついているか）。

❹読めないことに自信《じしん》をなくしてしまっていないか。

❺線を引く、単語を丸で囲むなど、読みやすいサポートをおこなっているか。

❻本人のペースで読めるよう、時間をとってあげているか。

3 読みやすいように印《しるし》をつける

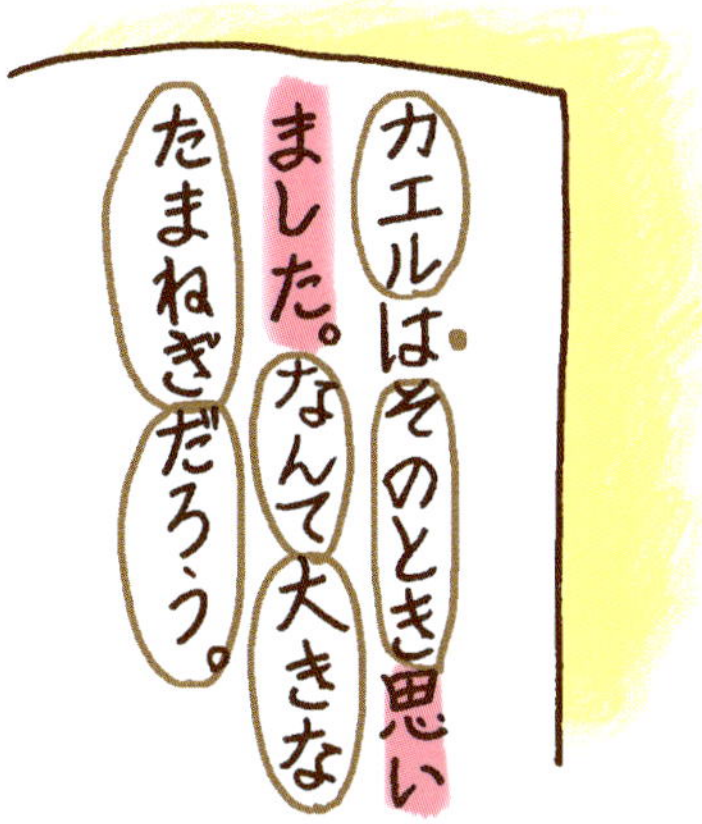
カエルは・そのとき思いました。なんて大きなたまねぎだろう。

こはるさんが読みやすいように、印をつけるように教えました。たとえば、言葉のかたまりは丸で囲んで、つなぐ言葉に「・」をつけます。行が飛んでいると、とくにわかりにくいので、蛍光《けいこう》ペンで色をつけるようにしました。

印をつけたり色をつけたりすると、読みやすくなるし、わかりやすくていいね。

2
こはるさんの場合

話の中に入れない

こはるさんは、おとなしくって、あんまりみんなと話をしてくれない。
休み時間も、ずっと、一人で本を読んだり、絵をかいている。
クラス委員《いいん》のあきこさんが気をつかって、話しかけてみたんだけど、
もごもご言ってて、なんだかよくわかんない。どうしたら、こはるさんと仲良くできるの？

みんな楽しそう。だけど、こはるさんは……

いつも、にぎやかな休み時間。今日も、女の子たちは人気のアニメの話でもりあがっています。「きのうのポケレンジャーみた？」「みたみた！　最後《さいご》がびっくりしたよね」「まさか、あの魔法《まほう》つかいが敵《てき》だったなんてね」「ちがうんじゃないの？　本当は」と、話はつきません。

こはるちゃんも、いっしょに話そうよ！

こはるさんは、いつも一人でポツーン。仲間《なかま》はずれにされているわけではないのですが、絵をかいたり本を読んだりしていて、話の輪《わ》の中には入りません。こはるさんのことを心配しているクラス委員のあきこさんが気をつかって、「こはるちゃんは、

まわりの人が思うこと

みんなが話しているとき、こはるさんはいつもだまっているけど、おしゃべりがきらいなのかな？

こはるちゃん。一人ぼっちで、さみしくないのかしら。

ポケレンジャーみているの？」と話しかけます。

話しかけてみたら、うれしそうだけど

あきこさんに話しかけられて、こはるさんはちょっとうれしそう。「うん」とひかえめにうなずきます。

「こはるちゃんは、どう思う？」「あの魔法つかいは本当に敵なのかな？」。次々に、みんなが話しかけると、こはるちゃんはもじもじ……。

いったい、何を話したいのか、わかんないよ

「あの……。わたしは……。テレビ、魔法。こわくない。ちがう……」。

いっしょうけんめい何か言おうとしているのはわかるのですが、声も小さいし、聞こえにくい。それに、しどろもどろで、何を話したいのか、さっぱりわかりません。

「えっ？　なに？」「聞こえないよ。どうしたの？」。みんなは、こはるさんの話を聞き取ろうと耳をかたむけますが、「えっと、えっと……」と、言葉につまったこはるさんは涙目《なみだめ》でうつむいたまま、だまりこんでしまいます。

話しかけたあきこさんも、ほかのおともだちも、みんな、困ってしまいました。こはるさん、おしゃべりがきらいなのかな？

たまに話すと、意味《いみ》のわからないことを言うのは、なんでかな？

べんきょうはできないわけじゃないのに、話すのは極端《きょくたん》に苦手みたい。

❷ こはるさんの場合

なんでこうなるの？

こはるさんは、どう思っているのかな？

うまく話せる、自信《じしん》がないの

みんなの話は聞こえているし、意味もわかってる。でも、話そうとすると、うまく話せなくて、みんなに「何言ってるのか、わかんない」って言われるから、話すのがこわくなってしまった。だから、休み時間は一人で本を読んだり絵をかいたりしているの。

本当は、みんなとおしゃべりしたいんだよ。

言葉《ことば》を思い出すのに時間がかかる

言葉をおぼえるために本を読んだり辞書《じしょ》をみたりしているけど、頭の中で思い浮かべたものの名前を思い出して、おしゃべりするのはむずかしい。言葉を思い出すのに、とても時間がかかるのよ。

わたしたちの話は聞いていたんだね。おしゃべりに興味《きょうみ》がないわけじゃ、なかったんだ！

うまく言葉を思い出せないって、もどかしいね……。こはるちゃんが話すのを、ゆっくり待ってあげたらよかったなぁ。

こはるさんには、こんな特徴《とくちょう》があります。

知っておきたい
学習障害（LD）

言葉で表現するのに時間がかかる

こはるさんは、決して、みんなとおしゃべりしたくないわけではありません。こはるさんの頭の中には「話したいこと」「言いたいこと」が浮かんでいるようですが、その言葉を音声として発するまでに時間がかかります。

会話をうまくつなげられない

単語《たんご》をつなげるための「〜は」「〜を」や、文と文をつなぐ「けれども」「それで」などをうまく使うことができません。そのため、「テレビ」「魔法つかい」「こわくない」など、たどたどしい会話になってしまいます。

うまく話せる自信がない

自分の言いたいことがうまく伝わらない経《けい》験《けん》を何度《なんど》もしてきたことで、すっかり自信をなくしてしまい、みんなのおしゃべりの輪に入れなくなっているようです。

会話をうまくつなげられない

「わたしもテレビをみたけど、魔法つかいはこわい敵にみえなかった」って言いたかったの。でも、なんて言葉をつなげればいいかわからなくて、単語をならべただけになってしまった。わかりづらくて、ごめんなさい。

そうだったんだー。言いたいことが伝えられないって、つらいよね。

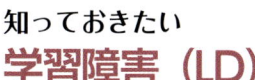

❷ こはるさんの場合

こうすれば、うまくいきそう！

1
話す気持ちをなくさないよう協力《きょうりょく》する

こはるさんが「人と話したい」という気持ちをなくさないように、クラスのみんなに次のことに協力してもらいました。

・話しかけるときは、わかりやすく簡単《かんたん》に
・質問《しつもん》するときは、答える時間を十分にとり、ゆっくり待つ
・言葉につまったりまちがったりしても、笑わない

笑われるのがこわかったけど、これからはだいじょうぶだね。

2
自分のイメージを言葉で表す練習をする

放課後《ほうかご》、こはるさんが話しやすいテーマをえらび、話す時間をつくりました。「この動物は何？」「毛の色は何色？」「どんな鳴き声？」など質問しながら答えてもらい、こはるさんが自分のイメージを言葉で表す練習をしました。

大好きな動物のことなら、わたし、いっぱい話したいことがあるのよ。

CHECK POINT

楽しいコミュニケーションの機会をふやす！

話すことが苦手な学習障害（LD）の子は、どんどんひっこみじあんになることで、会話を練習する機会もへってしまい、ますます自信がなくなってしまいます。まずは、その子の興味があることから「話して楽しかった！」という経験をふやしていきましょう。

こはるさん、
少しずつ話すように
なったみたい

❶まわりの話は理解《りかい》できているのか。本人は話に加わりたいと思っているか。

❷どんなことに興味があり、どんな話なら積《せっ》極的《きょくてき》に話せるのか、まわりが把握《はあく》しているか。

❸自分のイメージを、ゆっくりでも表現できる機会がつくれているか。

❹言葉をまちがっておぼえたり、「て」「に」「を」「は」に苦労していないか。

❺うまく話せないことに、自信をなくしてしまっていないか。

3
話して「楽しかった」と思える機会《きかい》をもうける

か……
かわいい ね
そうだ
ねー

こはるさんが話すのに慣れてきたら、おともだちにも協力してもらい、こはるさんの好きなテーマで、みんなと話す機会をもうけました。少人数《しょうにんずう》で、おちついてゆっくり話すことで、こはるさんも「楽しかった」と思えたようです。

みんながわたしの話を聞いてくれて、うれしかった！　おしゃべりって楽しいね。

3
こはるさんの場合

じょうずに発表《はっぴょう》できない

内気《うちき》なこはるさんは、発表が苦手。先生に指名《しめい》されても、声が小さくて、何を言っているのかぜんぜん聞こえない。話し合いになると、いつもほとんど発言《はつげん》できなくて、下をむいているだけ。こはるさん、もっとはっきり話してよ！

夏休みの自由研究《じゆうけんきゅう》を、一人ずつ発表！

夏休みが終わった新学期《しんがっき》。夏休みの宿題《しゅくだい》だった自由研究について、一人ずつ発表することになりました。「地元《じもと》の商店街《しょうてんがい》について調べました」「ローカル線の写真をとってきました」などなど、楽しい発表が続きます。

こはるちゃん。声が小さすぎて、聞こえないよ……

いよいよ、こはるさんの番になりましたが、こはるさんはすごく緊張《きんちょう》しているみたい。「こはるさんは、何を調べたの？」、先生がやさしく声をかけましたが、小さな声でもごもご何かつぶやくだけで、ちっとも聞こえません。「もっと大きな声で！」「聞こえませーん」。いじわるな男の子たちが、いっせいにからかいます。

まわりの人が思うこと

いつも声が小さいんだよね。緊張しているみたいで、ちょっとかわいそう。

気《き》の毒《どく》だけど、あれじゃあ、ちっとも聞こえないよねえ……。

グループで意見交換《いけんこうかん》をするときも……

次は少人数のグループにわかれて、それぞれの自由研究について意見を言い合うことになりました。「近くの商店街にとうふ屋さんがあるなんて知らなかったよ」「朝、早くて大変《たいへん》なんだね」、みんな活発《かっぱつ》に意見を出し合います。

だけど、こはるさんはだまってうなずきながら聞いているだけで、まったく話し合いに参加《さんか》できません。

こはるさんは、言いたいことがないのかな？

司会《しかい》のみどりさんが「こはるさんはどう思う？」と聞いたら、こはるさんは「うーんと。えーっと」と答えようとするのですが、なかなか話がまとまらないのか、言葉につまってしまいました。こはるさん、みんなの発表を、ちゃんと聞いてなかったのかな？　何も意見がないのかな……。

いつまで待っても、こはるさんが意見を言わないので、困ったみどりさんは、「こはるさん。言いたいことが思い出せたら言ってね。じゃあ、次の人」と、こはるさんを飛ばしてしまいます。

結局《けっきょく》、こはるさんはひとことも意見が言えないまま、話し合いが終わってしまいました。

こはるちゃんって、あんまり話してくれないから、何を考えているのか、よくわからないよね。

しばらく待っていたんだけど、なんにも答えてくれないから、困っちゃった。

なんでこうなるの？

こはるさんは、どう思っているのかな？

もっとじょうずに話せるようになりたい

じょうずに話したいと思って、あれこれ考えているんだけど、いざ自分の番になると、頭が真《ま》っ白《しろ》になっちゃって、何から話したらいいのかわからなくなる。話したいことはいっぱいあったはずなのに、何を話したかったのかも忘れてしまうの。

自信《じしん》がなくて、どんどん声が小さくなる

いっしょうけんめい話そうとしても、「聞こえません」とか「もっと大きな声で」とか言われると、ますますドキドキして、大きな声で話せなくなってしまう。

どうしてハキハキ大きな声で発表できないんだろうって、自分でもいやになる。しっかり意見が言える人はうらやましいな。

話したいことや発表したいことは、たくさんあるんだね。

おもしろがって「聞こえません！」ってからかってしまって、ごめんなさい。そんなふうに気にしているって思ってなかった。

こはるさんには、こんな特徴《とくちょう》があります。

知っておきたい
学習障害（LD）

話を順序《じゅんじょ》だてて、まとめるのが苦手

こはるさんはじょうずに話したいと思っているのですが、いざ話す場面《ばめん》になると、どうもうまくいきません。話したいことが頭に浮かんでいても、それを順序よくならべて話にまとめたり、文章《ぶんしょう》にすることがむずかしいようです。

話しているうちに、わからなくなる

緊張しながら話していると、何を話したかったのか忘れてしまったり、どこまで話したのかわからなくなってしまったり、ますます混乱《こんらん》してしまいます。

思いをうまく伝えられる自信がない

いつも「じょうずに話せなかった」「失敗《しっぱい》した」という経験《けいけん》ばかりしているので、自信がなく、どんどん話す声も小さくなってしまいます。そのため、ますます人に伝わりづらくなり、コミュニケーションに苦手意識《いしき》をもっています。

聞こえません
もっと大きな声で

あの……
えーっと
うん
うん
それで？

考えているけど、すぐには言葉《ことば》にできない

話し合いのスピードについていけなくて、聞かれても、すぐには自分の意見をまとめられないの。なかなか言葉が出てこないから、みんなに迷惑《めいわく》をかけてるんじゃないかと思って、あせる。わたしが言葉につまっても待ってくれたり、「それで？」とか「なぁに？」とか相槌《あいづち》をうってくれたりすると、話しやすいのになぁ。

こはるちゃん、言いたいことを考えていたのね。これからは、こはるちゃんが話しやすいように待ってみるね。

③ こはるさんの場合

こうすれば、うまくいきそう！

1 発表するときは、事前《じぜん》に準備《じゅんび》する

発表しなければならない場合には、あらかじめテーマを伝え、話したいポイントを整理《せいり》し、準備してもらうようにしました。たとえば、思いついたことを一つずつふせんに書き、話す順番《じゅんばん》でノートにはっておくと、わかりやすくて便利《べんり》です。

話すことを前もって書いておくと、うまくいくって、本当だね。

2 質問《しつもん》しながら、話を引き出す

自分の意見をまとめるのが苦手なので、「どの話が一番、印象《いんしょう》にのこった?」「とうふ屋さんについて、どう思った?」など、具《ぐ》体的《たいてき》に質問しながら、こはるさんの話を引き出す工夫《くふう》をしました。

質問してもらえると、自分の言いたいことを思いつけるし、話しやすくて、うれしい。

CHECK POINT

できるだけリラックスして、話せる場面をつくる！

発表することに、苦手意識をもっている学習障害（LD）の子は少なくありません。できるだけ緊張せずに、じょうずに話せる機会《きかい》をつくっていきましょう。

❶発表する経験や、発言する機会を、つくれているか。

❷「大きな声で」「早く」など、プレッシャーをかけていないか。

❸プレッシャーをへらしたり、緊張をほぐしたり、配慮《はいりょ》できているか。

❹ふせんやメモ、黒板《こくばん》に書くなど、話をまとめるためのツールを活用しているか。

❺質問したり、相槌をうったりして、話を引き出す工夫をしているか。

3 グループワークでも、ふせんを活用する

グループで意見交換するときにも、書記《しょき》を決め、出た意見をふせんに書いて、大きな紙にはることにしました。ポイントがよくわかり、こはるさんが言葉を考えるヒントになります。

何を話しているのか、どんな意見が出たのか、わかりやすくて助かる！

4
りょうさんの場合

文字を書くのが苦手

明るくって元気いっぱい。クラス委員《いいん》にえらばれるくらいのしっかりもので、テキパキしているりょうさんなんだけど、なぜだか、字を書くのが苦手みたい。とくに漢字《かんじ》は、まったくだめ。いつもノートはまちがいだらけ。メモも、まるで幼稚園《ようちえん》の子のお手紙《てがみ》みたい！　ふざけているんじゃないよね？

国語の時間は好きみたいなんだけど……

今日も、りょうさんは絶好調《ぜっこうちょう》。

先生の質問《しつもん》にも「はい！」と手をあげて、大きな声で元気いっぱいに答えます。だけど先生が、「じゃあ、答えを黒板《こくばん》に書いてみて」と言ったら、たちまち元気がなくなっちゃった。

ぐちゃぐちゃすぎて読めないよー

いざ、黒板にむかうと、いっしょうけんめい答えを書くりょうさんなんだけど、いったい何の字？　何を書いているのかまったく読めない……。「㡭」「斤」「ら」？？？

あっ、わかった！　もしかして、「断《ことわ》る」かな。

まわりの人が思うこと

りょうさん。漢字が苦手なのかな？　バランスが悪すぎて「断」って読めなかったよ。それにビミョウにまちがっているしね。

ノートの字がぐちゃぐちゃなのはなぜ？

そういえば、りょうさんのノートはいつもぐちゃぐちゃ。本人は、いつもいっしょうけんめい黒板を書き写しているけど、人一倍《ひといちばい》時間がかかります。

親友のかずきさんが大事《だいじ》な連絡《れんらく》を書き取るのを忘れ、「連絡帳みせて」ってたのんだことがあるんだけど、とてもじゃないけど読めなくて「なに、これ？」ってびっくりしていました。あまりにぐちゃぐちゃすぎて、いったい何が書いてあるのか、自分でも読めないことがあるんだって。

漢字のテストは0点でした！

とくに画数《かくすう》の多い漢字は大の苦手。一つの漢字を書くのに、とても時間がかかってしまい、いつも悪戦苦闘《あくせんくとう》しています。

この間《あいだ》の漢字テストもがんばっていたのに、なんと0点！　「へん」と「つくり」が逆《ぎゃく》になっていたり、とめるところをはねていたり、線の数がちがっていたり、見事《みごと》に全部《ぜんぶ》まちがっていました。

そのうえ、字はななめになって、枠《わく》の中からはみ出しているし、とても5年生の書いた字とは思えないユニークさなので、先生も頭をかかえています。

「ら」と「る」は似ているけど、ふつうまちがえないよね。

りょうさんの字って、悪いけど「苦手」っていうレベルじゃないね。もはやアート！

りょうさんは、がんばって漢字の練習をしていたのに、いったい、どうしたら、こんなことになるのかしら……。

4 りょうさんの場合

なんでこうなるの？

りょうさんは、どう思っているのかな？

似ている字は見分けがつかない

「る」と「ら」、「シ」と「ツ」など似ている字は見分けがつかないから、困ってる。頭の中では、区別《くべつ》しているつもりでも、いざ書いてみるとまちがっているんだ。

文字の形をおぼえるのがむずかしい

漢字の練習は、いっしょうけんめいお手本どおり書いているつもりなんだけど、どうしても細かいところをまちがってしまう。右と左を逆にしたり、線の数をまちがったり。「車」の中は「白」？　それとも「日」？　村の「丶」はどっちにむいてる？　考えていると、頭がどんどんこんがらがってしまう。

まちがえて書いちゃうのは、わたしもたまにあるけど、ながめてみて「あれ？　なんかおかしい」って自分で気づくよね。

一度、練習しておぼえたら、次から忘れないけどなぁ……。

りょうさんには、こんな特徴《とくちょう》があります。

知っておきたい
学習障害（LD）

目で見たものをおぼえる力が弱い

べんきょうはできるりょうさんですが、目で見たものの形をおぼえる力がちょっと弱く、読み書きに障害があらわれています。

ものの位置関係《いちかんけい》をとらえるのが苦手

位置関係をとらえたり、大きさをイメージすることも苦手です。左右《さゆう》の感覚《かんかく》がとらえづらいため、鏡《かがみ》にうつしたように文字を書いてしまったり、漢字の「へん」と「つくり」を逆におぼえていたりするのです。

細かい部分への注意《ちゅうい》がむずかしい

りょうさんは、いっしょうけんめいお手本どおりに書こうとしています。けれども文字の細かいところまで注意をむけることがむずかしく、正確《せいかく》におぼえることができません。そのため、線の数や点をうつ場所《ばしょ》をまちがってしまいます。

おぼえたはずの漢字も、すぐ忘れる

何回も練習しているのに、しばらくすると細かい形が思い出せなくて、テストになるとまちがえるんだ。自分でもがっかりだよ。急いで書いていると、よけいにぐちゃぐちゃになってしまって、読みかえしてもなんて書いてあるのかわからないときがある。だから、黒板を書き写したり、先生が話していることをその場でメモにとるのは、本当に大変《たいへん》なんだ。

それでも、あきらめずにがんばってノートをとっていたのは、えらいよね。りょうさんが苦労しているのに、気づいてあげられなくて、ごめんね。

④ りょうさんの場合

こうすれば、うまくいきそう！

1 カードやパズルで、遊びながら確認《かくにん》する

「へん」と「つくり」に分解《ぶんかい》したカードをつくり、正しいマッチングを学べるファイルを用意《ようい》しました。また、「字」と「学」など細部のちがいをみつける「まちがえさがしゲーム」をやるなど、りょうさんの負担《ふたん》にならないよう、遊びながらおぼえられる方法を考えました。

漢字の練習はきらいだったけど、漢字ゲームは楽しいよ。

2 大きな字のお手本をわたす

漢字ドリルを拡大《かくだい》コピーしたお手本をわたすことにしました。大きなサイズでみれば、線の数や、とめたりはねたりする部分が、りょうさんにもわかりやすいようです。

大きいと、まちがえやすいところがよく見える。それに、指《ゆび》でなぞっておぼえられるね。

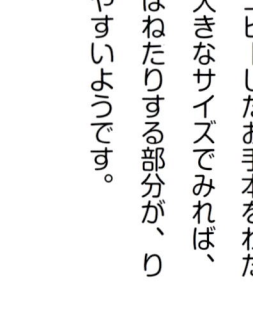

CHECK POINT

反復《はんぷく》学習は逆効果！　負担をへらす工夫《くふう》を考える

目で見ておぼえるのが苦手で読み書きが不得意な学習障害（LD）の子に、反復学習は負担が大きいだけで効果がありません。

本人が「苦手だ」「書きたくない」と自信《じしん》をなくしてしまわないよう、別の方法を提案《ていあん》しましょう。

❶苦手な漢字を何度も練習させ訓練することで、克服《こくふく》させようとしていなかったか。

❷大きいお手本を示す、まちがえやすい部分を確認するなど、部分に注目しやすい機会《きかい》をつくっているか。

❸パズルやゲームを使うなど、本人の負担をへらし、楽しく学べる工夫をしているか。

❹簡単なメモのとり方を教えたり、すぐに黒板を消さず時間を与えるなど、自分のペースで書けるように気を配っているか。

3 簡単《かんたん》なメモのとり方を教える

ノートやメモをとるときには、すべて書き写すのではなく、ポイントだけを抜き出せばいいことを伝えました。また、「もちもの」は「(も)」など、記号を決めておきます。たとえば「明日の移動教室に音楽の教科書《きょうかしょ》をもってきてください」と言われたとき、「明日、(も)音楽」とメモすればOKなので便利《べんり》です。

ぜんぶ写さなきゃ……とあせって、よけいにぐちゃぐちゃになってたから、簡単なメモのとり方を教えてもらって、ずいぶん楽《らく》になったよ。

5
りょうさんの場合

ちゃんと聞いてたはずなのに

りょうさんは、極端《きょくたん》にものおぼえが悪い。先生の話は集中《しゅうちゅう》して、いっしょうけんめい聞いているみたいなのに、いつも言われたとおりにやらないんだ。なんで、そうなっちゃうの？ 本人も困ってるみたいだけど、先生もみんなも困ってるよー。

りょうさん、順番《じゅんばん》がちがうよー

算数の時間。先生から「教科書《きょうかしょ》15ページの式をノートに書き写して。それが終わったら、ドリルの8番をやってね。終わった人は先生に出して、休み時間です」って言われました。

みんないっせいにノートにむかって書き写しはじめたんだけど、なぜかりょうさんはドリルから先にやっています。

終わったっていうけど、ノートは書いたのかな？

「終わった!」。りょうさんはダントツ一番。先生にドリルを出し、片付《かたづ》けをはじめました。だけど、教科書をノートに書き写すのをやってないんじゃないかな？

まわりの人が思うこと

なんでドリルから先にやってるんだろう。おかしいって思った!

きっと、ノートに書くの、やってない……。ずるいよねー。

なんで、言われたとおりにやらないのかな？

となりの席のみくさんが心配して、「りょうさん。ノートのほうは書いた？」って聞いたら、「えっ？　ノートってなに？」と、おおあわて……。やっぱり、ドリルしかやっていなかったみたい。

「15ページの式をノートに書き写すんだよ。先生が言っていたでしょ？」ってみくさんが教えても、まるではじめて聞いたみたいに、ぽかーんとしています。ずるしたんじゃなかったのかな？

ちゃんと聞いてたのに、どうして、まちがえたの？

今回だけではありません。りょうさんは、先生の話をちゃんと聞いているはずなのに、ちがう行動をとってしまうようなのです。

何《なん》度《ど》注《ちゅう》意《い》しても、片付ける場所《ばしょ》をまちがえたり、きめられた順番とちがうやり方でそうじをしてしまったり、言われたとおりにやらず、わざわざ、みんなとちがうやり方をすることもあります。

いつも先生に、「何度も言っているでしょ！」「また?!」って、おこられて、そのたびに「ごめんなさい！」ってあやまっています。だけど、同じまちがいばかりくりかえしていて、いっこうに改善《かいぜん》されません。

りょうさん。先生の話は、ちゃんとまじめに聞いているように見えたけどなぁ……。

何度も注意してるのに、わからないんだもの。困ったわ……。

⑤
りょうさんの場合

なんでこうなるの？

りょうさんは、どう思っているのかな？

言われたとおりにやりたいと思っている

ぼくは、わざと、みんなとちがうやり方をしているわけじゃないんだ。言われたとおりにやりたいと思っているんだけど、なぜか、言われたとおりにできない。「ちがうよ」って言われても、どこがちがうのか、すぐにはわからない……。

先生の話を、全部《ぜんぶ》おぼえていない

先生の話はいっしょうけんめい聞いているつもりなんだけど、一度にたくさんのことを聞くと、おぼえておくのがむずかしいときがある。今日も、「ドリルの8番をやる」っていうことだけ頭に入っていたけど、ノートのことはすっかり忘れてた……。みんなは、おぼえているんだね。すごいなぁ。

りょうさん、ようりょうよくパパッとやっているのかと思っていたけど、そうでもないみたいね。

さっき聞いたことも忘れちゃうなんて、大変《たいへん》だね。

「何度も言ったのに」と言われると、へこむ

わざとまちがえているわけじゃないし、いいかげんに聞いているわけでもないんだ。「何度も言ったのに」とか「また、まちがえてる」とせめられると、「ぼくは、なんてだめなやつなんだろう……」と、落ちこむ。

いっしょうけんめいやっているつもりだから、「ずるい」とか「手を抜《ぬ》いてる」って思われるのも、かなしいよ。

いいかげんに聞いているわけじゃなかったのね。「何度も言ったのに……」って、言わないようにするね。

りょうさんには、こんな特徴《とくちょう》があります。

知っておきたい
学習障害（LD）

聞いたことをおぼえていられない

りょうさんは、先生の話をちゃんと聞いているのに、聞いた内容や大事なポイントをおぼえておくことができません。これは、聞いたことをおぼえておく脳《のう》の働《はたら》きに、ばらつきがあるからです。

一部だけ、おぼえている

そのため、一度にたくさんのことを聞いてしまうと、印象《いんしょう》にのこった一つのことだけおぼえていたり、最後《さいご》に聞いたことや、最初《さいしょ》に聞いたことだけを、おぼえていたりします。

大切《たいせつ》なことも、忘れてしまう

書き方のルール、片付ける場所、そうじの順番など、みんながあたりまえにおぼえていることも、記憶《きおく》にとどめておくことができません。そのため、何度教えても、まちがえてしまいます。

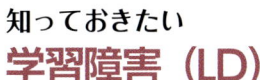

⑤ りょうさんの場合

こうすれば、うまくいきそう！

1 最初に、数を伝える

二つ作業があります

先生が、これからやってほしい作業《さぎょう》を説明《せつめい》するときや、もってきてほしいものを伝えるときには、「今から二つ作業があります」と、最初に数を伝えることにしました。おぼえなければならないことの数がわかると、りょうさんも記憶しておきやすいようです。

最初に数を教えておいてもらえると、注意して聞き取れるから、助かるよ。

2 説明を、黒板《こくばん》に書く

1. 教科書15ページの式をノートに書き写す。
2. ドリルの8番をやる。

説明するときは口頭《こうとう》で伝えるだけでなく、ちゃんと黒板に書いたり、プリントやメモでわたすことにしました。書いておけば、「二つのうち、あと一つはなんだっけ？」と思い出せなくなったときに、確認《かくにん》することができます。

聞いただけだと忘れちゃうので、メモや黒板を見るね。

CHECK POINT

「何度も言ったのに」はNG!
伝わっているかを、かならず確認

必要な情報をインプットしたり、おぼえておく脳の働きにばらつきがあると、口頭での指示《しじ》だけでは、しっかり伝わらない場合があります。確認できるようなサポートをしましょう。

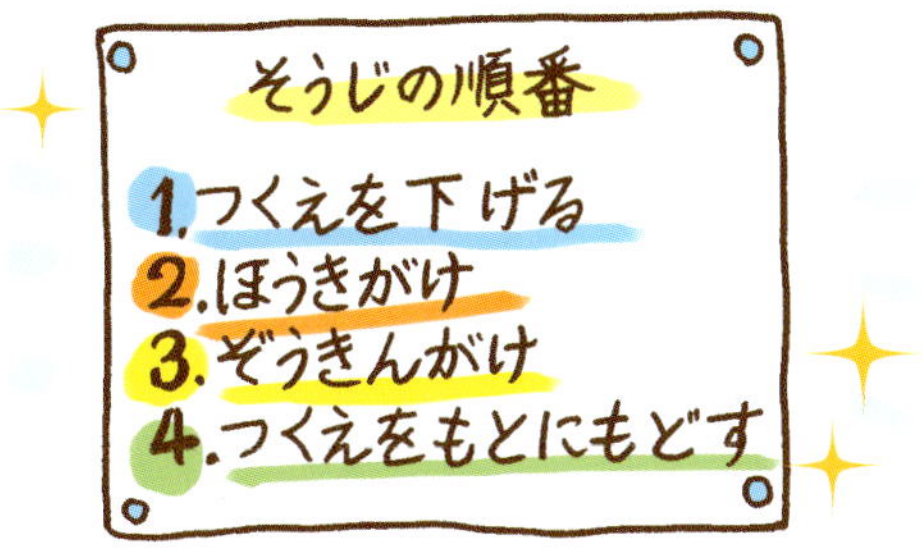
そうじの順番
1.つくえを下げる
2.ほうきがけ
3.ぞうきんがけ
4.つくえをもとにもどす

❶黒板に書いたり、メモをわたしたり工夫《くふう》しているか。

❷一度に、たくさんのことを伝えすぎていないか。

❸そうじの順番や片付け場所などのルールは、わかりやすく掲示《けいじ》してあるか。

❹「前にも教えたでしょ」「何度言ってもわからない」などと、せめていないか。

❺伝えたいことがちゃんと伝わったか、確認しているか。

3
わかっているかどうか、確認する

やることは二つよ。黒板を見てね
あ!

大切なことは、しっかり全部伝わっているかどうか、確認することにしました。作業をはじめたときに「やることが二つあるのよ。黒板を見てね」と伝えれば、りょうさんも安《あん》心《しん》です。

大事なことを忘れていないかどうか、黒板で確認すれば、「うっかり」がなくなって安心だね！

6 りょうさんの場合

いつも忘れものばかり

あわてんぼうのりょうさんは、忘れものも多いんだよね。先週《せんしゅう》も絵の具を忘れて注意《ちゅうい》されていたのに、今週《こんしゅう》も忘れてる……。これじゃあ、なかなか色が塗《ぬ》れなくて、一人だけ遅れちゃうよね。さすがに本人もへこんでいるみたいだけど、だいじょうぶかな？

お昼休《ひるやす》みは終わりだよ。みんなしずかにー

お昼休みが終わって、5時間目は図工《ずこう》の時間。チャイムが鳴っても、まだ、わいわいがやがや。先生が教室に入ってきたので、みんなはいっせいに注目《ちゅうもく》します。

今日は、図工室で絵をかくんだって！

「今日は、絵をかくので、教科書《きょうかしょ》は使いません。図工室に絵の具だけもってきて。ほかのもので色を塗りたい人は、色えんぴつや筆箱《ふでばこ》をもってきてもいいわよ」って先生が言いました。みんな、準備《じゅんび》をして、図工室にむかいます。だけど、りょうさんはなんだかあたふた。

まわりの人が思うこと

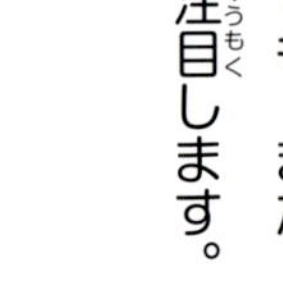

りょうさん。早くしないと、みんな行っちゃうよ。

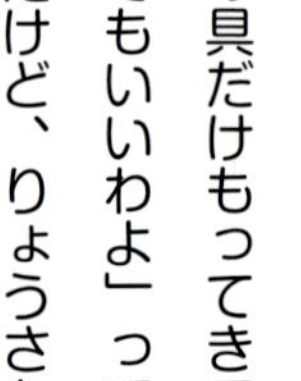

あわてているけど、もしかしたら、絵の具を忘れてきたのかな？

なんで絵の具を忘れて、教科書だけもってきたの？

どうやら、りょうさんは絵の具を学校にもってくるのを忘れてきてしまったようです。しかも、色えんぴつも筆箱ももってきていなかったのか、なぜか教科書だけもって、図工室にやってきました。

「教科書は使いません」って、わざわざ先生が言っていたのに……。絵の具を忘れたのはしかたないけど、なんで教科書もってきたの？

忘れものが多いから、授業《じゅぎょう》に参加《さんか》できなくて困らないかな

そういえば、りょうさんはいつも忘れものばかり。

この間《あいだ》は、先生に「明日は、晴《は》れたらグラウンドでマラソンをやるので、タオルをもってきてください。雨《あめ》の場合《ばあい》は体育館《たいいくかん》でなわとびをするので、なわとびとタオルをもってきてね」って言われました。

そして、次の日はどしゃぶりの雨。ほかの人はちゃんとなわとびをもってきていたのに、りょうさんだけタオルしかもってきていなかったのです。予備《よび》のなわとびがなかったので、その日は見学になってしまいました。

肝心《かんじん》なものを忘れてばかりだと、授業に参加できないから、困っちゃうよね。本人も「なんで、おれは忘れたんだーっ！」て落ちこんでいたみたい。

教科書じゃ、絵はかけないよね！

タオルとなわとびって、メモするほどのことでもないんだけど、りょうさんにはおぼえられないのかしら……。

6 りょうさんの場合

なんでこうなるの？

りょうさんは、どう思っているのかな？

さわがしいと、聞きのがしてしまうことがある

ぼくの頭の中は、いつもざわざわしていて、何かに集中《しゅうちゅう》するのが苦手。だから、人が多くてうるさいところだと、先生の話が聞こえていないことがある。

みんなと同じように聞いているつもりでも、なぜか、聞きのがしてしまうんだ。

言葉《ことば》を聞き分けるのがむずかしい

たとえ聞こえていても、話が長かったり、たくさんポイントがあると、意味《いみ》をまちがって、おぼえてしまうらしい。「～使いません」だったのか、「～使います」だったのか、言葉を聞き分けることができなくて、わからなくなっちゃうんだ。

わたしはうるさいところでも、先生の話は聞き取れるけど、りょうさんには聞こえてなかったんだね。

忘れものばっかりしてるけど、いいかげんにやっていたわけじゃないんだ……。

先生の話をおぼえていない

先生の話はちゃんと聞いていたつもりなんだけど、おぼえておくのがむずかしいみたい。とくに「晴れの場合」「雨の場合」みたいに二つの話があると、どちらかが抜《ぬ》けちゃうことが多いんだ。タオルをもっていくことはおぼえていたんだけど、雨のときはなわとびももっていかなきゃいけないということは、すっかり抜けていた……。

タオルとなわとびの二つもおぼえられないなんて、大変《たいへん》だなぁ。

りょうさんには、こんな特徴《とくちょう》があります。

知っておきたい
学習障害（LD）

人の話を聞くのが苦手

人の話す言葉を聞き取り、整理《せいり》し、一時的におぼえておく力にばらつきがあります。また、注意欠如《ちゅういけつじょ》・多動症《たどうしょう》（ADHD）という障害もあるので、集中力《しゅうちゅうりょく》も弱く、忘れものが多くなってしまいます。けっして、わざと忘れているわけではないのです。

勝手《かって》に解釈《かいしゃく》し、まちがえる

「行った」「知った」など発音が似ている言葉や、「～使いません」「～使います」など少しのちがいを聞き分けることが苦手です。なので、勝手に解釈し、まちがってしまうことがあります。

一部だけ、おぼえている

P37の〔知っておきたい学習障害（LD）〕でも解説《かいせつ》したように、一度にたくさんのことを聞いてしまうと、一つのことだけおぼえていたり、最後《さいご》に聞いたことや、最初《さいしょ》に聞いたことだけを、おぼえていたりします。

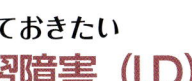

こうすれば、うまくいきそう！

1
しずかになってから、話すようにする

先生がクラス全体に話すときには、「みんな注目！」と呼《よ》びかけたり、パンパンと手をたたいたりして、できるだけしずかになってから話すようにしました。また、りょうさんが聞きのがさないよう、となりの席のみくさんにたのんで、声をかけてもらいます。

「みんな注目！」って言ってもらえると、大切《たいせつ》なことを話しているのがわかる。

2
聞き取りやすいように、話すことにする

りょうさんが誤解《ごかい》しないよう、「教科書はなし！」「もちものは絵の具」など、短い文章《ぶんしょう》ではっきり話すようにしました。

りょうさんにわかりにくい指示《しじ》をするときは「雨　なわとび・タオル」「晴　タオル」など、黒板《こくばん》に書いたりメモをわたしたりすると、りょうさんも安心《あんしん》です。

書いてもらったり、メモをもらったりすると、忘れものが少なくなったよ！

CHECK POINT

わざとではないので、けっしてせめない！

学習障害（LD）と注意欠如・多動症（ADHD）は、とても密接《みっせつ》なつながりをもっていて、両方《りょうほう》あわせもつ子も多いことが知られています。ミスが多い、指示にしたがわない、忘れものが多いなど、不注意《ふちゅうい》が目立つ場合でも、決して、わざとではないのです。

❶大事な話をするときには、しずかな環境《かんきょう》で、注目させてから話しているか。

❷ポイントをわかりやすく、はっきりと伝えているか。

❸複数《ふくすう》の情報《じょうほう》があるときには、黒板に書くなど伝える工夫《くふう》をしているか。

❹忘れても授業に参加できるよう、予備のものを用意しているか。

❺「また忘れた」「どうして忘れるの？」など、せめていないか。

3 授業に参加できるよう、協力《きょうりょく》する

絵の具や色えんぴつなど、よく使う道具《どうぐ》は、机やロッカーにおいておくように伝えます。また、りょうさんが忘れて授業を受けられなくならないよう、予備を先生が用意《ようい》しておくことにしました。

大事《だいじ》なものを忘れて、あせることが少なくなったから、おちついて授業を受けられるようになってきたよ。

7
だいきさんの場合

九九がおぼえられない

3年生のだいきさんは「博士《はかせ》」ってよばれているくらいものしりで、べんきょうもできる。だけど、なぜだか、極端《きょくたん》に苦手なことがあるみたい。この間《あいだ》、みんなで九九を暗唱《あんしょう》したとき、一人だけつっかえてた！もう3年生なのに、だいじょうぶかなぁ？

だいきさんって、天才なんだよ

本を読むのが大好きなだいきさん。いつもぶあつい百科事典《ひゃっかじてん》とか歴史《れきし》の本とか読んでいて、すごくいろんなことを知っています。大好きな社会や理科のテストは、いつも100点！　歴史の年号なんかもたくさんおぼえているから、けっして記憶力《きおくりょく》も悪くないはず……。

べんきょうはできるのに……

だけど、なぜか極端に苦手なものがあるようです。先生の質問《しつもん》にとんちんかんな答えを返したり、ふざけているのか、ぶっとんでいるのか……。みんながとまどうようなことが、ときどきあるのです。

まわりの人が思うこと

歴史の年号とか、武将《ぶしょう》の名前とか、ぼくたちが知らないことをいっぱい知ってる。すごいよね。

いつもテストで100点とっているのに、できないことがあるって、ふしぎじゃない？

どうして九九がおぼえられないのかなぁ？

この間の、算数の時間。復習《ふくしゅう》をかねて、みんなで九九を暗唱することになりました。九九は2年生の授業《じゅぎょう》でくりかえしやっているので、みんなバッチリ。なのに、だいきさん、一人だけ、つっかえていたのです！

しかも、なんと、1の段《だん》からまちがえていました。「いんいちがいち」「いんにがに」「いんさんがさん」が言えず「いちいちがいち」「いちにがに」「いちさんがさん」と言っているのです。9の段も「きゅういちがきゅう」「きゅうにがじゅうはち」「きゅうさんがにじゅうしち」と言っています……。

なんで教えても、すぐ忘れちゃうの？

となりの席のみゆさんが、「1の段はいちいちじゃなくて、いんいちだよ」って、笑って教えてあげたのですが、だいきさん、わからなかったようです。もう一度やり直しても、やっぱり「いちいちが……」って言っています。

8の段になって先生が、「おーい。だいき。そこははっぱだよ」って注意《ちゅうい》したのですが、だいきさんはぽかーんとしています。

どうやら、本当に、ちゃんと九九をおぼえていないようなので、みんなびっくりしてしまいました。

だいきさん。ふざけてるんじゃないよね？　何度《なんど》、練習してもおぼえないのはなぜ？

「1」は「いち」って読むと思いこんでいて、注意しても、変えられないみたいだなぁ。

7 だいきさんの場合

なんでこうなるの？

だいきさんは、どう思っているのかな？

音で聞いて、おぼえるのが苦手

本や図鑑《ずかん》を読むのは大好きで、目で見たものをおぼえるのは得《とく》意《い》なんだ。だけど、音から聞いたものをおぼえるのはとてもむずかしい。

先生のあとについて、同じように言うことはできないよ。

かけ算の式が目の前にないと、わからなくなる

かけ算の式を頭の中に思い浮かべながら、いっしょうけんめい唱《とな》えているつもりなんだけど、「1×1」を「いんいち」って読むとか、「8×8」を「はっぱ」って読むとか、すぐには思い出せない。

実際《じっさい》に、ふりがなをふった式が目の前にないと、おぼえられないし、わからなくなるんだ。

目で見たものは長い間、たくさん記憶《きおく》できても、聞いたことだとすぐに忘れちゃうんだ。ふしぎだね。

ぼくらは自然《しぜん》に暗唱できるけど、だいきさんは頭の中に思い浮かべながら唱えていたんだね。

書 名　お買上の本のタイトルをご記入下さい。

◆上記の本に関するご感想、またはご意見・ご希望などをお書き下さい。
文章を採用させていただいた方には図書カードを贈呈いたします。

◆よく読む分野（ご専門）について、３つまで○をお付け下さい。

1. 哲学・思想　2. 世界史　3. 日本史　4. 政治・法律
5. 経済　6. 経営　7. 心理　8. 教育　9. 保育　10. 社会福祉
11. 社会　12. 自然科学　13. 文学・言語　14. 評論・評伝
15. 児童書　16. 資格・実用　17. その他（　　　　　　）

〒
ご住所

Tel　　（　　　）

ふりがな
お名前

年齢　　性別
歳　男・女

ご職業・学校名
（所属・専門）

Eメール

ミネルヴァ書房ホームページ　http://www.minervashobo.co.jp/
＊新刊案内（DM）不要の方は × を付けて下さい。 □

郵便はがき

料金受取人払郵便

山科局承認

1695

差出有効期間
2019年11月
30日まで

6 0 7 - 8 7 9 0

（受　取　人）

京都市山科区
日ノ岡堤谷町1番地

ミネルヴァ書房
読者アンケート係 行

◆ 以下のアンケートにお答え下さい。

お求めの
書店名＿＿＿＿＿＿＿＿市区町村＿＿＿＿＿＿＿＿＿＿＿＿＿＿書店

＊ この本をどのようにしてお知りになりましたか？ 以下の中から選び、3つまで○をお付け下さい。

A.広告（　　　　）を見て　B.店頭で見て　C.知人･友人の薦め
D.著者ファン　E.図書館で借りて　F.教科書として
G.ミネルヴァ書房図書目録　H.ミネルヴァ通信
I.書評（　　　　）をみて　J.講演会など　K.テレビ･ラジオ
L.出版ダイジェスト　M.これから出る本　N.他の本を読んで
O.DM　P.ホームページ（　　　　　　　　）をみて
Q.書店の案内で　R.その他（　　　　　　　　）

だいきさんには、こんな特徴《とくちょう》があります。

知っておきたい
学習障害（LD）

目で見ておぼえるのは得意

だいきさんは目で見たことを記憶することが得意なので、図鑑で見たものや本で読んだことをたくさんおぼえています。図鑑にのっていた昆虫《こんちゅう》の特徴《とくちょう》と名前を全部《ぜんぶ》おぼえていたり、戦国武将の名前と系譜《けいふ》を知っていたり、知識《ちしき》がとても豊富《ほうふ》です。

耳からおぼえることがむずかしい

一方で、耳から情報《じょうほう》を聞き取り、おぼえるのは苦手です。短期記憶（少しの間おぼえておいて、用事がすんだら忘れていい記憶）の力が弱いため、先生のあとについて、復唱《ふくしょう》したり、注意されたことをおぼえておくことができません。

大切《たいせつ》なことを聞きもらすこともある

たくさんの情報の中から必要な情報をピックアップすることも不得意なので、ざわざわした教室の中で先生の声を聞き分けることができません。注意されたり、質問されたりしても、聞き取れていないことがあります。

いんにがに
いんいちがいち
はっぱろくじゅうし

ざわ ざわ
さんしじゅうに
さんご じゅうご

話を聞き取れないことがある

教室がざわざわしていたりすると、先生の質問や注意が聞き取れないことがある。みんなが九九を唱えている途中《とちゅう》で、先生が何かぼくに言ったらしいんだけど、何を言われたのかちっともわからなかった。

なんで、ぽかーんとしているんだろうと思ったけど。だいきさん、先生の言葉《ことば》が聞き取れていなかったんだね。

こうすれば、うまくいきそう！

1 だいきさんの読み方でOKにする

何度《なんど》やってもうまくいかないことで、だいきさんは大きなストレスを感じているようです。数式《すうしき》さえ合っていれば、無理に「いんいちがいち」という読み方をおぼえなくてもいいことを伝えました。

「まちがえちゃうんじゃないか」と、びくびくしていたから、「読み方がまちがっていてもだいじょうぶだよ」と言ってもらえて、安心《あんしん》した。

2 目で見ておぼえる方法を工夫《くふう》する

だいきさんは数式をおぼえても、手がかりがないままスムーズに暗唱することがむずかしいことがわかりました。なので、だいきさんのために、ふりがなをふった九九表を用意しました。事前《じぜん》に九九表を見てもらうことで、だいきさんはゆっくりなら九九を暗唱できるようになりました。

表を見たら、九九をおぼえておくことができるようになったよ。

CHECK POINT

苦手なことは、本人がやりやすい方法を考える！

みんなが簡単《かんたん》にできることで、人知れずつまずいている学習障害（LD）の子は少なくありません。苦手なことを無理に訓練させるのではなく、なぜできないのかを考え、本人がやりやすい方法を取り入れましょう。

❶小学校低学年でおぼえるような基礎《きそ》の部分で、つまずきがないか、まわりが把握《はあく》できているか。

❷なぜつまずいているのか、その原因《げんいん》がわかっているか。

❸耳から聞き取るのが苦手な子には、絵でかいて示すなど、本人にわかりやすい情報提供《じょうほうていきょう》が、できているか。

❹質問や注意などの大切なことは、黒板に書く、プリントでわたすなど、おぼえやすい工夫をしているか。

❺どうしてもできない場合《ばあい》はパーフェクトを求めず、本人なりのやり方でOKとしているか。

3 大切なことは、かならず黒板《こくばん》に書く

だいきさんが大切なことを聞きもらさないように、伝えたいことがあるときには、かならず黒板に書くようにしました。「8×8」＝「はっぱ」、「9×2」は「くに」など、九九でまちがえやすいところも、ちゃんと黒板に書きました。

先生の声が聞き取れないことも多いし、聞いていてもどこを注意されたのか、すぐ忘れちゃうから、書いてもらえて助かった！

8
だいきさんの場合

文章《ぶんしょう》問題がわからない

算数の宿題《しゅくだい》の答え合わせを、となりどうしですることになったんだ。だいきさん、計算問題はだいたい合っているのに、文章問題がまったくできていない。答え合わせをやってても、どこがまちがえなのかピンとこないらしくて、「まちがっているよ」って教えたら、逆ギレされた。これじゃあ答え合わせができないよ！

だいきさん。文章問題が苦手なのかな？

計算はふつうにできるだいきさんですが、文章で聞かれたら、簡単《かんたん》な問題でもまちがえてしまいます。「まどかさんは公園に行きアルミ缶を32個、スチール缶を8個拾いました。拾ったアルミ缶の数はスチール缶の何倍ですか？」という問いに、「32×8」と、かけ算してしまいました……。

かけ算じゃないよ。わり算だよ

となりの席のみゆさんが、「これは何倍ですかって聞かれているんだから、わり算。だから、32÷8だよ」って教えたのですが、「何倍ですか……なのに、かけ算じゃないって、どういうことだ？」と、混乱《こんらん》しています。

まわりの人が思うこと

計算はできているのに、文章問題になると、簡単なたし算もまちがえていたよ。どうして？

そんなにむずかしい問題じゃないのに……。

ずっと考えてたのに、まちがえてる！

どうやら、だいきさんは文章問題を式にするのが苦手なよう。正解《せいかい》している問題も、いまひとつピンと来ていない様子《ようす》なのです。

答え合わせの途中《とちゅう》で、「20センチのリボンがあります。これを5センチずつに切った場合《ばあい》、リボンは何本になりますか？」という問いを、何度も読みなおして、ずっと考えています。

あげく、一度は「20÷5」と正しい式を書いていたのですが、何かおかしいと思ったのか、わざわざ消してしまいました。そして、考えた末に「20－5」と引き算の式に書きなおしてしまったのです。

教えたのに、逆ギレされた！　どうしたらいいの？

みゆさんが笑いながら、「ちがうよ。だいきさん。これは、わり算だよ」って教えたら、「どうして？」とふしぎそう。「だって、5センチずつに分けるんだもん」とみゆさんがあたりまえのように答えると、なぜか「うるさい！」といきなり逆ギレ。

だいきさんのあまりの剣幕《けんまく》に、みゆさんが泣いてしまいました。どうして、だいきさんがおこっているのか、みゆさんにはさっぱりわかりません。

文章問題の独特《どくとく》の言いまわしが、だいきさんには読み取れないみたいだね。

教えたのに、怒鳴《どな》ることないと思う。だいきさん、ひどくない？

8 だいきさんの場合

なんでこうなるの？

だいきさんは、どう思っているのかな？

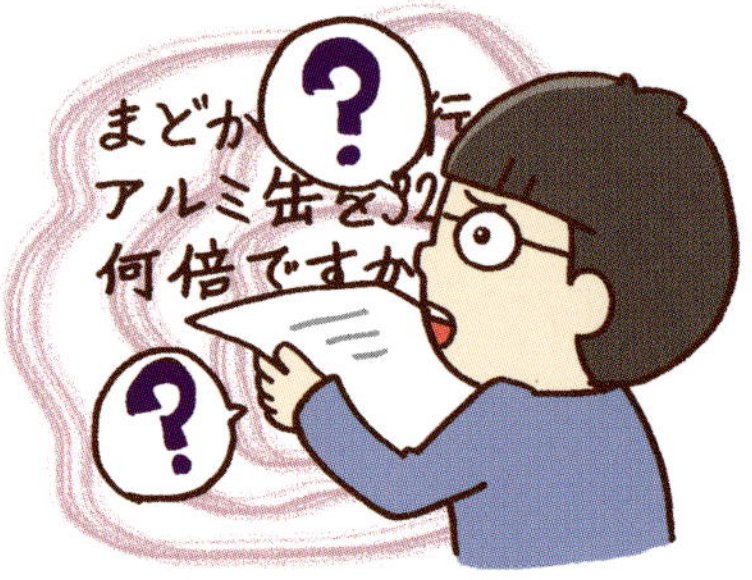

何を聞かれているのか、すぐには読み取れない

問題文には、人の名前、場所《ばしょ》、数とか、いろいろ書いてあるでしょ。何を聞かれているのか、すぐにはわからないよ。「まどかさんってだれ？」とか「公園ってどこ？」とか、いろんなことが気になってしまう。それに、「切った場合」って、どういうこと？　切ったのか切ってないのかわからないよ。

かけ算なのかわり算なのか、式をつくることができない

「拾ったアルミ缶の数はスチール缶の何倍ですか？」と聞かれたら、何倍だからかけ算なのかと思ってしまった。

「ちがうよ」って、みゆさんに笑われて、バカにされたみたいでショック！　ちょっとプライドが傷《きず》ついた。

そっか、どうでもいいところが気になっていたんだ！　それは時間がかかるよね。

べんきょうができるだいきさんなのに、簡単なことをまちがっていたから、おかしかったの。笑ってごめんなさい。

だいきさんには、こんな特徴《とくちょう》があります。

知っておきたい
学習障害（LD）

文章から内容がイメージできない

だいきさんは文章からイメージする力が弱いため、文章を追うだけでは、問題の内容を読み取り、算数におきかえることができません。とくに、「～した場合」「～すると」など仮定《かてい》の形で出される問題が苦手です。

関係ないところにこだわってしまう

また、「どこの公園？」など、式とは関係がない細かいところにこだわってしまい、解答《かいとう》するのに必要な情報《じょうほう》を整理《せいり》することができないようです。もしかしたら、LDだけでなく、自閉スペクトラム症（ASD）の傾向《けいこう》があるのかもしれません。

本当はわかっていないことがある

暗記《あんき》することで計算はできていますが、おぼえたやり方でこなしているだけです。実は数字が苦手で、数の概念《がいねん》や算数の基礎《きそ》が理解《りかい》できていません。なので、文章問題になると知識《ちしき》を応用《おうよう》することができないのです。

まちがいを指摘《してき》されるのが、苦手

べんきょうは得意《とくい》でプライドがあるため、人から「まちがっている」と指摘されるのに抵抗感《ていこうかん》があるようです。「わからないこと」＝「恥《は》ずかしいこと」と思いこんでしまっているのかもしれません。

合っているのか、自分でよくわからない

計算はできるから、なんとなく式をつくって、たまたま合っていることはある。だけど、それがどういうことなのか、実《じつ》はよくわかっていないんだ。だから、答え合わせをしていても、ちんぷんかんぷん。いやんなっちゃうよ。

算数ドリルで100点をとってることも多いから、わかっていないことに気づいてなかったよ。

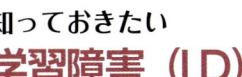

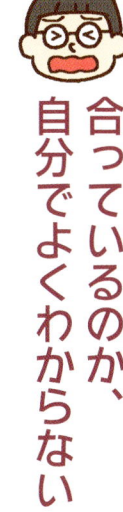

こうすれば、うまくいきそう！

1
問題文を図や絵で示す

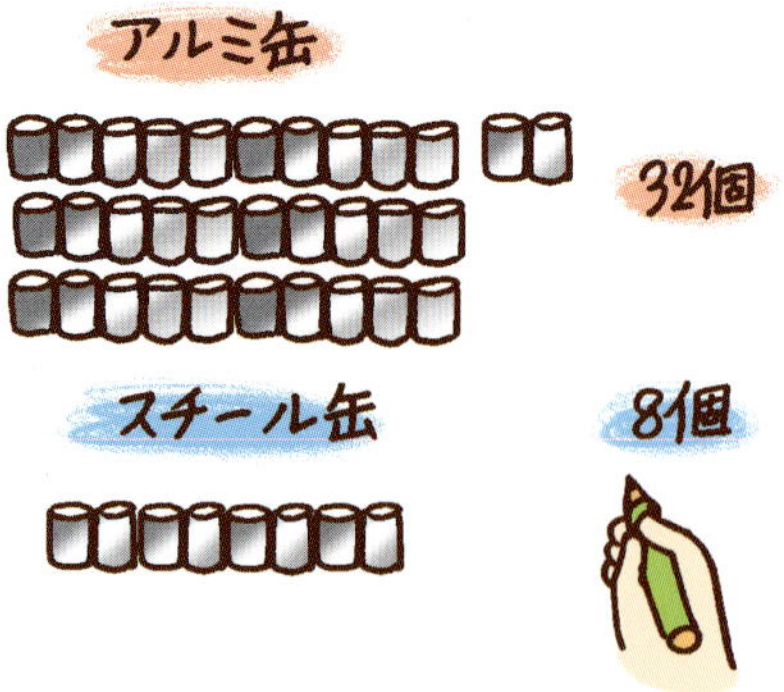

問題の中で聞かれているポイントを、図や絵で表してみました。そうやってみると、数に関係すること以外の情報は、気にしなくてもいいことがわかったようです。

そこで問題文を読むときには、最初《さいしょ》に数字の部分と必要な言葉《ことば》にマーカーを引くことにしました。

考えるのが苦手だったから、絵にしてもらえると助かる！

2
キーワードとパターン表をつくる

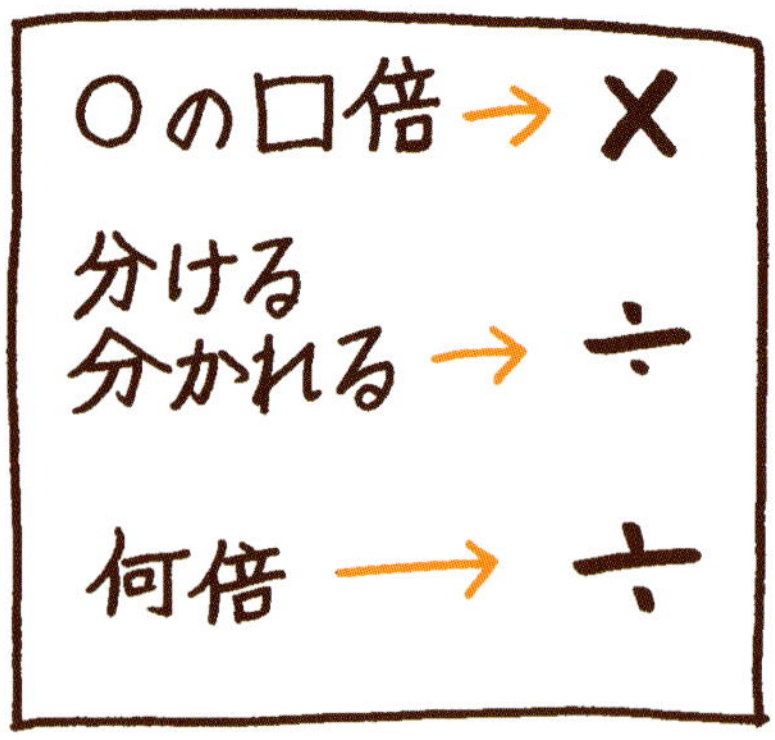

「あわせて」「みんなでいくつ」は「＋」、「のこりは」は「－」、「○の□倍」は「×」、「分ける」「分かれる」「何倍」は「÷」など、問題によく使われるキーワードと式の記号のパターン表を、だいきさんといっしょに調べながら、つくりました。

なるほど！　「何倍」は「÷」だったんだね。パターン表は便利《べんり》だな。

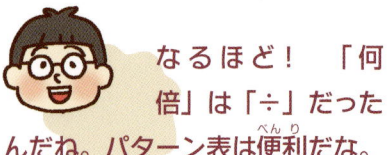

CHECK POINT

文章問題でつまずいている子を見《み》過《す》ごさないように！

文章問題でつまずく学習障害（LD）の子は少なくありません。

文章問題を解くためには、数字の理解だけでなく、イメージする力、文脈《ぶんみゃく》を読み取る力、式におきかえる力など、さまざまなスキルが必要だからです。

❶数の概念や、記号の使い方などがわかっているか。

❷文章から、内容をイメージし、必要な情報を読み取っているか。

❸図や絵を示すなど、わかりやすい情報提供《じょうほうていきょう》ができているか。

❹文章問題で「～とした場合」など誤解《ごかい》しやすい、むずかしい表現を使っていないか。

❺本人が「解けた！」「わかった！」と思える授業《じゅぎょう》をしているか。

3
自分で問題をつくる練習をする

だいきさんが数と計算式の関係を、実感《じっかん》しながら理解できるよう、自分で問題をつくってみる練習をしました。自分の好きなものや身近なもので考えることによって、だいきさんも算数的な考え方ができるようになってきました。

カブトムシが８匹います。クワガタが４匹います。カブトムシはクワガタの何倍いますか？　問題を考えたよ！

9
だいきさんの場合

算数の時間だけ、やる気がない

べんきょうが超得意《ちょうとくい》で、テストの成績《せいせき》もトップクラスのだいきさんなのに、最近《さいきん》、算数の時間は、いつも、ふてくされているの。宿題《しゅくだい》もやってこないし、授業中《じゅぎょうちゅう》も態度《たいど》が悪い！バカにしているのかな。さぼりたいのかな。どうしたんだろう？

1000円のプレゼントを5人で買うと、一人いくらずつ？

だいきさんのクラスでは、算数の時間に文章《ぶんしょう》問題を出し合って、みんなで答える時間があります。

今日は、ゆうきさんが問題を出す日。「みんなで先生にプレゼントを買うことになりました。1000円のプレゼントを5人で買うと、一人いくらずつになりますか?」。みんなはいっせいに、問題を解きはじめます。

なんで、だいきさんは参加《さんか》しないの？

けれども、だいきさんはこの時間がきらいみたい。ゆうきさんが出した問題を解こうともしないし、いすにそっくりかえって、ふてくされています。

まわりの人が思うこと

みんな問題を解いているのに、なんでだいきさんは、やろうとしないんだろう。

算数の時間になると、いつも態度が悪いよね。

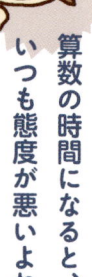

簡単《かんたん》な問題だもの。みんなわかったよね？

答え合わせの時間になりました。「わかった人！」、ゆうきさんが聞くと、みんないっせいに手をあげます。「じゃあ、みゆさん」。

「1000円のプレゼントを5人で買うのだから、1000÷5で、200円ずつになります！」、みゆさんが元気よく答えると、みんないっせいに拍手。「よくできました。正解《せいかい》です」。

だいきさん、なんにもしないくせに、いばっている！

「みんなできましたか？」、ゆうきさんが聞くと、ほとんどの人が正解だったので「はーい」と元気よく手をあげたんだけど、だいきさんだけ、知らん顔。先生が「じゃあ今の問題をノートに書いてね」って言ったのに、いすにふんぞりかえって、ノートを出そうともしないのです。

心配したみゆさんが、「だいきさん。今の問題と式と答えをノートに写すんだよ。ノートを出そうよ」って声をかけたら、ふんぞりかえったまま、「こんな、つまんない問題、時間のむだ！」だって。

ゆうきさんもカチンときているし、やりとりを聞いていたみんなもいやな気持ちになってしまいました。

算数の宿題もしてこないことがあるなぁ。ほかのべんきょうは得意《とくい》なのに、どうしてだろう。

ぼくの問題が簡単すぎたのかな？　それにしても、傷《きず》つく……。

9
だいきさんの場合

なんでこうなるの？

だいきさんは、どう思っているのかな？

数字や記号の意味がわからない

そこにあるものを数えたり、分けたりするのはできる。たとえば、クッキーが何枚《なんまい》あるのか数えて、人数分《にんずうぶん》に分けることができるよ。

だけど、数字がどうも苦手なんだ。「＋」「－」「×」「÷」を使って式を考えるのもむずかしい。

文章《ぶんしょう》問題は、とくに苦手

１０００円のプレゼントとか、５人とか言われても、それを算数として考えることができない。それを式にして、わるとかかけるとか、もうわけわかんないよ。この時間、みんなはクイズを解くみたいに、わきあいあいと楽しそうだけど、ぼくにはまったくおもしろくないよ。

べんきょうが得意なのに、算数は苦手だったんだ……。

頭がすごくいいだいきさんでも、できないことがあるんだね。

だいきさんには、こんな特徴《とくちょう》があります。

知っておきたい
学習障害（LD）

数字におきかえることができない

「3つ」のりんご、「3本」のえんぴつを、同じただの「3」という数字におきかえて考えることができません。目の前のものを数えることはできても、数字として理解《りかい》することがむずかしいのです。

記号から数式をつくるのもむずかしい

さらに記号も苦手で、12枚のクッキーを数えて3人で分けることはできますが、それを「12÷3」という式におきかえて考えることができません。

なので、教科書《きょうかしょ》の問題を何度《なんど》も解いておぼえていたとしても、応用《おうよう》問題になると解けなくなってしまいます。

さぼっているわけではない

べんきょうが得意なだいきさんは、みんながあたりまえにできていることで、つまずいていることをまわりに知られたくないようです。だから、ふてくされたり、ノートを書かなかったり、やる気がないふりをしているだけで、さぼっているわけではありません。

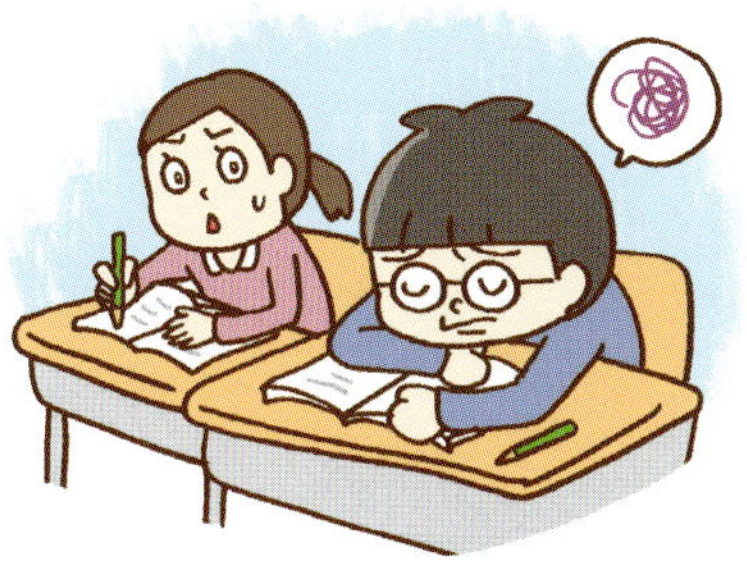

できないことを知られたくない

べんきょうは好きだし、家でやっていると算数の問題も解ける。なのに、問題の出され方がちょっとちがうと、わかんなくなる。みんなに「できない」って知られたくなかったんだ。「簡単なのに」って言われると、グサッとくる。

やる気がなくて、バカにしているんじゃないかと思っていたけど、ちがったんだね。

⑨ だいきさんの場合

こうすれば、うまくいきそう！

1 実物《じつぶつ》を見せながら、くりかえし説明《せつめい》する

１０００円札を見せ、それが「１０００」という数字とむすびつくことを説明しました。それから、１００円玉を10個用意。５人でわけると「１０００÷５」になり、２００円ずつになるということを、実際《じっさい》に１００円玉を使いながら教えました。実物を見ながら計算してみると、だいきさんもわかりやすいようです。

1000円は100円玉10個だから、5人だと100円玉2個ずつになるんだね！ようやくわかったよ。

2 計算の負担《ふたん》をへらす

算数がきらいになってしまわないように、プリントの問題や宿題を少なくするなどして、負担をへらしました。

プリントや宿題をみるだけで、うぇーってなっていたから、助かった！

CHECK POINT

苦手なことにも、取り組みやすいクラスに！

わからないことや苦手なことがあると、それを隠《かく》したり、まったくやらなくなったりすることがあります。苦手なことを強制的《きょうせいてき》にやらせる必要はありませんが、授業には参加できるよう工夫《くふう》しましょう。

❶数の概念《がいねん》や、記号の使い方などがわかっているか。

❷文章問題では、数や記号を計算式におきかえることができているか。

❸クラスにわからないことを先生に質問できる、雰囲気《ふんいき》があるか。

❹宿題やプリントが負担になり、算数ぎらいになっていないか。

❺本人にわかりやすいような、説明ができているか。

3
わからないことは、質問《しつもん》していいと伝える

だいきさんだけでなく、みんなに、わからないことがあるのは恥《は》ずかしいことではないことを教え、わからないときにはいつでも先生に質問するように伝えました。みんなで質問しながら進めることで、より深く学ぶことができます。

そうか！　わからないことは、だれだってあるんだから、質問したほうがいいんだね。人の質問が参考《さんこう》になることも、あるものね。

10
さくらさんの場合

作文が書けない

3年生のさくらさんは、明るくて、クラスでも人気者《にんきもの》。とてもおしゃべりで、「ダンスをしたよ」とか「映画《えいが》をみたよ」とか、たくさん報告《ほうこく》してくれるのに、作文に書くのは苦手みたい。話したいことがたくさんあるのに、どうして書けないのかふしぎだよね……。

アイドルをめざして、ダンスをやっているんだって

さくらさんは休み時間になると、歌ったりおどったり、元気いっぱい。

この間《あいだ》も、「発表会《はっぴょうかい》で、すごく大きなステージでおどったんだ」って、みんなに報告をしてくれました。

おしゃべりだけど、作文は、いつもワンパターン

ところが、書くのは苦手なのかな？　毎日の帰りの会で、その日のできごとをミニ作文に書くことになっているのですが、さくらさんの作文は、「ダンスをおどりました。楽しかったです」「遠足に行きました。楽しかったです」など、いつもワンパターン。

まわりの人が思うこと

さくらちゃんって歌もおどりも得意《とくい》で、うらやましいな。

さくらさん、作文になると、いつも悩んでいるよね……。

さくらさん。ちがう感想《かんそう》も書いてみようよ！

あまりにいつも同じパターンなので、「どんな場所《ばしょ》でおどったとか、だれとおどったとか、もっとくわしく書いてみようよ」「たまには、楽しかったですと、ちがう感想もあるでしょう」などと、毎回のように、先生に注意《ちゅうい》されています。ちがう文章を書くのが、そんなにむずかしいことなのかな。

あんなにおしゃべりで、話したいことがたくさんあるさくらさんなのに、原稿用紙《げんこうようし》を前にすると、まったく書きたいことが浮かばない様子《ようす》。さんざん悩んだあげく、やっぱり「楽しかったです」としか書けないのです。

いつも時間までに、書き終わらないのはなぜ？

おまけに、何度《なんど》も書きまちがえて、消したり書いたり……。

いつも、原稿用紙がぐちゃぐちゃ。しかも、時間になってもなかなか書き終えることができません。

そんなに長い文章を書いているわけでもないし、むずかしいことも書いていないのに、どうして時間がかかるのでしょうか。

あんなに表現力が豊《ゆた》かなのに、作文になると、まったくパッとしないのはなぜ？

思いついたことを書けばいいだけなのに、そんなに大変《たいへん》？

結局《けっきょく》「楽しかったです」なのに、どうして、何度も消したり、書いたりしてるのかなぁ？

⑩ さくらさんの場合

なんでこうなるの？

さくらさんは、どう思っているのかな？

思っていることを、文章《ぶんしょう》で表せない

おしゃべりは大好きなのに、いざ、それを文章にしようと思うと、頭が真《ま》っ白《しろ》になる。原稿用紙を目の前にすると、何を書いたらいいのかわからなくなって、「ダンスをおどりました」「楽しかったです」くらいしか出てこないの。

文章の順番《じゅんばん》を組み立てられない

先生に「どこで何をおどったのかも、くわしく書いてみよう」って言われて、「円山町《まるやまちょう》のライブハウスでおどりました」「ダンス教室のみんなでおどりました」って書いたんだけど、何度も「おどりました」って書いてしまうし、どんな順番で書けばいいかわからない……。

さくらさんにとって、話すことと書くことは、ものすごく、ちがうんだね。

「くわしく書いてみよう」だけじゃ、わかりにくくて、かえって困らせてしまったのかしら。

さくらさんには、こんな特徴《とくちょう》があります。

知っておきたい
学習障害（LD）

イメージをふくらませて作文が書けない

おしゃべりは好きなのですが、書くことが苦手。たとえば、「舞台《ぶたい》に出る前はドキドキしていた」「照明《しょうめい》がきれいだった」「お客さんがたくさんいた」など、自分でそのときの状《じょう》況《きょう》や気持ちを思い出しながら、作文を書くことができません。

文章の組み立て方がわからない

また、書きたいことが見つかったとしても、それを順番にならべて、「お客さんがたくさんいたので、舞台に出る前はドキドキしていました」などのように、一つの文章に組み立てることがむずかしいようです。

書き方のルールがおぼえられない

書きはじめは１マスあける、会話はかぎかっこで閉じる、改行《かいぎょう》したらまた１マスあけるなど、作文を書くときのルールをしっかりおぼえていないので、いつもまちがえてしまいます。

時間内に書きあげることができない

ただでさえ作文が苦手なので、一つひとつまちがえを確認《かくにん》しながら進めていると、時間内に書きあげることができません。

書き方のルールを忘れてしまう

それに、かぎかっこのつけかたや「。」のつけ方も、よくわかってなくて、いっぱいまちがえてしまう。何度も消しているうちに、紙はぐちゃぐちゃになるし、時間どおりに書けなくて、本当に困ってる。

先生は「がんばって、せめて原稿用紙1枚は書こうね」って言うけど、どうやってがんばればいいの？

そうか、原稿用紙1枚書くのも、さくらさんにとってはとても大変なことだったのね！

⑩ さくらさんの場合

こうすれば、うまくいきそう！

1 資料《しりょう》やメモを用意《ようい》する

したことや行ったところについて書くために、写真やパンフレットなどの資料や、時間や場所などを記したメモをもってくるようにおねがいしました。作文を書くときには、資料を参考《さんこう》にしながら書くと、イメージがわきやすいようです。

写真を見ていると、「衣装《いしょう》のドレスがきれいだったなぁ」とか、いろんなことが思い出せて、書きたいことが見つかるね！

2 ふせんを使って、文章を組み立てる練習

資料を見ながら、思い出したことを、まずふせんに書きます。ふせんをならべかえながら、文章に組み立てる練習をしました。何度もならべかえることができるので、消したり書いたりする必要がありません。

ふせんをならべながら、順番を考えてから、原稿用紙に書くことにしたよ。

3
ルールシートをつくる

かぎかっこの使い方、マスのあけ方など、作文を書くときのルールを記したルールシートをわたしました。ルールシートを確認しながら書くことで、まちがいがへり、おちついて取り組めるようになりました。

作文のルールってすぐ忘れちゃうから、ルールシートは、とっても便利《べんり》！

CHECK POINT

どうして作文が書けないのか、まずは原因《げんいん》を見つける！

作文を書くのが苦手な学習障害（LD）の子の場合《ばあい》、そもそも文字を書くのが苦手なのか、イメージができないのか、文章をつくることができないのかなど、原因をみきわめ、サポートしていく必要があります。

❶漢字《かんじ》のまちがいが多かったり、枠《わく》から字がはみだしたりしていないか。

❷作文のルールを提示《ていじ》するなど、本人が書きやすい工夫《くふう》をしているか。

❸具体的《ぐたいてき》な指示《しじ》をしないまま、「がんばって」「もっとくわしく」などプレッシャーをかけていないか。

❹イメージをふくらますことができるよう質問《しつもん》したり、資料を使ったりしているか。

❺時間を延長《えんちょう》する、放課後《ほうかご》の時間を使うなど、その子のペースで取り組める配慮《はいりょ》ができているか。

11
さくらさんの場合

ストーリーが読み取れない

さくらさんって、ちょっとふしぎな子。

いつも、あんなに元気なのに、ときどき急におとなしくなるの。

この間《あいだ》も国語の時間、とつぜんだまりこんでしまって、先生が質問《しつもん》しても答えなかった。

やる気がないの？　国語のべんきょうがきらいなのかな？

なぜか、急におとなしくなっちゃった

ある日の国語の時間、教科書《きょうかしょ》を読んで、物語《ものがたり》の感想《かんそう》について、みんなで話し合うことになりました。「オオカミがかわいそう」「生まれ変われたらいいなと思いました」みんなは次々、感想を言います。

もしかしたら、ちゃんと教科書を読んでなかったの？

先生が、「さくらさんは、どう思いましたか？」って指名《しめい》したら、すっごくあわてて、「えっと……、えっと……」とドギマギ。もしかしたら、ちゃんと、お話を読んでいなかったのかな？

まわりの人が思うこと

さくらさん。べんきょうはきらいなのかなぁ。

さっきまであんなに元気だったのに、先生にあてられたら、まるで別人《べつじん》！

ちゃんと読んでないから、わからないんだよ！

そういえば、さっき先生が「あとで感想を聞くから、もう一度、最初《さいしょ》からじっくりお話を読んでみて」って言ったとき、さくらさんはぱらぱらと教科書をめくってはじめのほうだけ読んでいたみたいだけど、途中《とちゅう》であきちゃったのかな？　最後《さいご》まで、ちゃんと読んでいなかった！

となりの席のわたるさんに「きのうのMパラみた？」って話しかけて、先生に「しずかに」ってしかられていました。

だれだって、わかるところなのに—

さくらさんが答えられないから、先生がみかねて「じゃあ、オオカミはシラサギのことをどう思っていたと思う？」と質問を変えます。そのうえ、「わかるよね？　17ページを読んでみて」ってヒントを出しました。わたるさんが「ここだよ」って教科書を指《ゆび》さして、助け船を出すのですが、それでもさくらさんは顔を真《ま》っ赤《か》にして下をむいたまま、何も答えることができません……。

お話の中に「ずっと大好きだよ」というオオカミの言葉《ことば》があるので、そんなにむずかしい問題ではないのですが、なぜか、さくらさんにはわからないようです。

いつもマンガばかり読んでいて、本を読むのも、あんまり好きじゃないみたい。

やる気がないのかしら。困ったものだわ。

⑪ さくらさんの場合

なんでこうなるの？

さくらさんは、どう思っているのかな？

1字1字、文字を読むのが大変《たいへん》

おしゃべりは好きなんだけど、読むのはとても苦手。文字や行が重《かさ》なって見えるし、たくさん文字があると、どこを読んでいるのかわからなくなる。だから、文字を追うだけでせいいっぱいで、みんなみたいに、長い文章《ぶんしょう》を、すらすら読むことはできないの。

言葉の意味《いみ》もわからない

教科書にはむずかしい言葉がたくさん出てくるから、最近《さいきん》、本当に困ってる。「去来《きょらい》」ってなんだろう？　来たの？　行っちゃったの？　どっち……って、言葉の意味を考えているうちに、ほかの人はどんどん先に進んでしまう。

先生は「わからない言葉があったら、辞書《じしょ》で調べなさい」って言うけど、読み方もおぼえられなくて、すぐ忘れてしまうから、どうしたらいいのかわからない。

そうだったんだ！　さくらちゃん、さぼっていたんじゃないのね。

頭の回転《かいてん》が速いさくらさんだから、まさか、読むのに苦労しているなんて、気づいてなかったわ。

さくらさんには、こんな特徴《とくちょう》があります。

知っておきたい
学習障害（LD）

文字や行をとらえるのがむずかしい

文字や行が重なって見えたり、文字の一部だけが見えてなんの文字なのかとらえづらかったりするようです。そのため、長い文章をみんなで音読《おんどく》していると、どこを読んでいるのかわからなくなり、途中《とちゅう》でついていけなくなってしまいます。

わからない漢字《かんじ》や熟語《じゅくご》がある

「去来」「下手《へた》」「屈強《くっきょう》」などの、ぱっと読んだだけでは意味がとらえにくい、むずかしい熟語があると、読み方がわからず、意味をつかむことができません。

話の内容をつかむことができない

物語を読んで、「だれが」「どこで」「何をしたのか」文脈《ぶんみゃく》を読み取り、内容を理解《りかい》することが苦手です。十数ページもある長い物語だと、途中であきらめて、読むのをやめてしまうことがあります。

質問されてもわからない

読みながら話の内容をつかむのが苦手だから、とくに長い物語は読んでも、ちっともストーリーがはいってこない。絵があると、わかりやすいので、マンガばかり読んでるの。

先生に「オオカミはシラサギをどう思っていたか？」って聞かれても、質問の意味がわからないよ。「オオカミはどうなったの？」「だれがだれのことを、大好きって言っているの？」「オオカミは死んだの？」って、頭の中がパニックだったの。

書いてあるからわかるはずだと思ってヒントをだしたけど、さくらさんは「ずっと大好きだよ」という言葉が、だれの言葉なのかわかっていなかったのね。

⑪ さくらさんの場合

こうすれば、うまくいきそう！

1 読みやすくする工夫《くふう》を教える

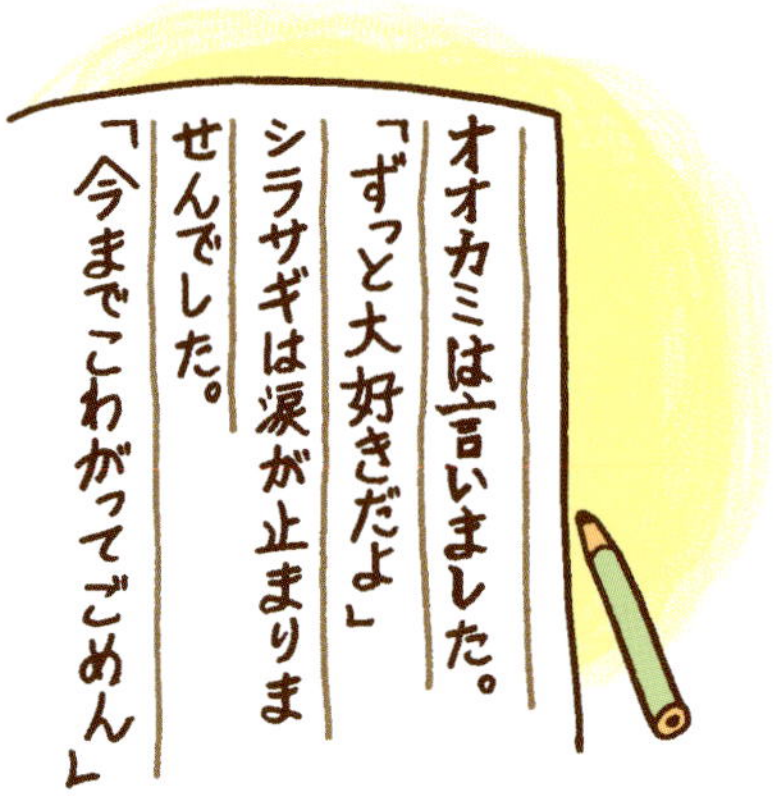

少しでも読みやすいよう、行の右側《みぎがわ》にうすく線を引いたり、定規《じょうぎ》や下敷《したじ》きを使って、読んだ行を隠《かく》しながら読み進める方法を教えました。

行を飛ばしたり、同じ行を読んだりしていたけど、これなら読みやすいね。

2 挿《さ》し絵《え》を見せながら、あらすじを伝える

長い物語を読む前に、「だれが」「どこで」「何をしたのか」、先生は挿し絵を見せて、あらすじをわかりやすく伝えました。

あらすじがわかれば、物語を読むポイントがわかり、さくらさんにもストーリーが理解しやすくなりました。

絵で想像しながら読んでいくと、ストーリーがわかったよ！　質問にも答えられそう。オオカミはシラサギのことが好きだったんだね。

CHECK POINT

長い物語を楽しく読めるようさまざまな工夫をする！

どんなに、おしゃべりが得意《とくい》で活発《かっぱつ》な子でも、読み書きが苦手で、人知れず苦労していることがあります。

「さぼっている」「やる気がない」と決めつける前に、ちゃんと読めているのかどうかを確認《かくにん》し、みんなといっしょに授業《じゅぎょう》が受けられるように、準備《じゅんび》しましょう。

❶文章を読むのが苦手な子に、何の配慮《はいりょ》もしないまま、長い物語を読ませていないか。

❷本人が「わからない」「むずかしい」と思いこみ、読むことをあきらめてしまっていないか。

❸ストーリーをつかむのが苦手な子の場合《ばあい》、イラストやマンガなどを使い、わかりやすくあらすじを伝えているか。

❹むずかしい言葉、漢字、熟語などは、ちゃんといっしょに調べたり、単語カードなどを使ったり、わかるように教えているか。

3
むずかしい言葉は、カードにする

わからない言葉に○をつけてもらい、先生といっしょに調べ、むずかしい漢字や熟語を単語《たんご》カードに整理《せいり》しました。

さくらさんがイメージしにくい単語は、図《ず》鑑《かん》で絵や写真を見せたり、インターネットで調べた画像《がぞう》を見てもらいました。

むずかしい言葉もおぼえられたし、だんだん読むのが楽しくなってきたよ。

⑫ さくらさんの場合

簡単《かんたん》な計算ができない

さくらさんは、3年生になって、どうやら算数でもつまずいているみたい。この間《あいだ》、2年生の復習《ふくしゅう》テストをやったんだけど、簡単なたし算、ひき算でも、いまだに指《ゆび》を使ってた! しかも時間内に終わらないし、このままだと、ついていけなくなっちゃうよー。

3年生なのに、まだ指をつかっている?

2年生の復習テスト。簡単な2ケタのたし算・ひき算のプリントだったのですが、算数が苦手なさくらさんは、悪戦苦闘《あくせんくとう》。「14＋12」は、机の下でこっそり指をつかって、「4」「2」「1」「1」って数えながら、なんとか計算しています。

くりあがりや、くりさがりがわからないみたい

けれども、「15＋18」や、「21－15」などの、くりあがりやくりさがりがある2ケタの計算は、まったくできないようです。やり方を忘れてしまったのでしょうか?

まわりの人が思うこと

指を使っていると、10以上の計算はむずかしいよね?

どうして計算できないの? そんなことで悩んだことがなかったから、どうやって教えていいのかが、わからないよ……。

さくらさん。おしまいだよ！

となりの席のわたるさんに、「ここどうなるの？」って聞いて、「これで合ってる？」とたしかめながら、書いては消し、消しては書き……。何度《なんど》もやりなおしながらやっているので、とても時間がかかります。

「はい！　おしまい」。時間になって、先生がポンと手をたたきました。

けれども、さくらさんは、時間内に終わることができなかった様子《ようす》。いっしょうけんめい、まだ、計算しています。

どうしてできないのかが、むしろふしぎ！

答え合わせの時間。簡単なたし算とひき算だったので、ほとんどみんな100点満点！　なのに、さくらさんだけ満点をとることができませんでした……。

わたるさんがのぞきこんだら、半分もできていなくて、〇は少ししかありません。できているのは簡単な計算だけで、くりあがりとくりさがりのある計算は、ぜんめつ。「だめだった」と落ちこんでいます。

もうすぐ、3ケタの計算もやらなければならないので、このままだとついていけなくなりそうです。

教えてもらったことなのに、何度も聞いてくるから、ちょっと迷惑《めいわく》なんだよね……。

数字の読み書きはできても、わかってないのかな？　前に教えたことも、忘れちゃったみたい。

⑫
さくらさんの場合

なんでこうなるの？

さくらさんは、どう思っているのかな？

たし算も指を使わないとできない

みんなはどうして、すぐに「14＋12」を、パッと計算できるのかな。わたしは、机の下でこっそり指をつかって、「1、2、3、4、5、6」「1、2」って数えながら、なんとか「26」ってわかった。だから、一つ答えを出すのに、すごく時間がかかるの。

くりあがりやくりさがりがあると、わからなくなる

授業《じゅぎょう》で計算の方法を教えてもらったのに、やり方がおぼえられない。結局《けっきょく》、みんなに知られると恥《は》ずかしいと思いつつ、指を使ってしまうの。

だけど、「13－9」は、指を使うこともできないし、どうしたらいいのかわからないよ。

こんな簡単な計算、むしろ指を使うほうがむずかしいと思うけど。

「10から9を引いて、1と3をたす」って、自然《しぜん》におぼえちゃったけど、ケタがちがうとわからないんだね。

さくらさんには、こんな特徴《とくちょう》があります。

知っておきたい
学習障害（LD）

数の概念《がいねん》がわからない

低学年の算数はなんとかやってこられていたようですが、さくらさんは、実は10より小さい数のこともわかっていませんでした。5は「1と4」または「2と3」の組み合わせだということが、さくらさんには理解《りかい》できていないのです。

複雑《ふくざつ》な方法を使っている

やり方がわからないので、さくらさんは、指を使うなど、自分なりの方法でいっしょうけんめいカバーしていました。なので、一つの計算をするのに、とても時間がかかっています。

計算の手順《てじゅん》がおぼえられない

そのため、2ケタの計算のやり方を教わっても、ちんぷんかんぷんで、まったくわかっていませんでした。

簡単なのに……って言われると、かなしい

わたし、みんなみたいに早くできない。みんなが終わって、自分だけまだできていないとき、「早く！」って言われると、ますますあせる。

それに、「簡単だよ」って言わないでほしい。簡単な問題もできないわたしって、本当にだめだなって、かなしくなるから。

そうだよね……。人それぞれ、苦手なものもあるものね。

⑫ さくらさんの場合

こうすれば、うまくいきそう！

1 暗算《あんざん》ができるよう、練習する

さくらさんのペースに合わせて、5は「1と4」または「2と3」の組み合わせだということがマスターできるよう、10までの数字について数の組み合わせをおぼえる練習を取り入れてみました。さくらさんがいやにならないようにスモールステップで、5ができたら、6、7……というように数をふやしていきます。

数の組み合わせをおぼえたら、指を使わなくても、だいじょうぶだね。

2 手順カードをつくる

2ケタ以上の計算をするために、計算の手順を書いたカードをつくりました。カードを見ながら、手順のとおりに解く練習をします。最初《さいしょ》は、テストでも、カードを見ながら問題を解いてもいいことにしました。

いつのまにかカードがなくても、計算できるようになったよ！

CHECK POINT

つまずいているところを確認し、わかりやすい方法でやりなおす

算数についていけていない学習障害（LD）の子の場合《ばあい》、そもそも基礎的《きそてき》なことが理解できていないケースも多いのです。どこにつまずきがあるのかを確認《かくにん》し、場合によっては基礎からやりなおす必要があります。

5
4
1

❶数の概念、１ケタの計算がマスターできているか。

❷一つの問題を解くのに、時間がかかりすぎていないか。

❸たす、ひく、かける、わるなどの記号の使い方を理解できているか。

❹指を使う、複雑なやり方で式を解くなど、自分なりの方法を使っていないか。

❺算数ができないことに極端《きょくたん》な苦手意識《いしき》をもったり、自信《じしん》をなくしたりしていないか。

3
全問《ぜんもん》を解かなくてもいいルールにする

①～⑤ みんながする
⑥～⑩ できたらする
5問だけなら
がんばれそう

さくらさんがおちついて取り組めるよう、「①から⑤までは、かならず解いてください。できた人は⑩までやりましょう」と、すべての問題をやらなくてもいいルールをつくりました。

いつも時間がたりなくなって、困っていたの。ゆっくり考えながら、計算できるね！

この本に出てくる４人のおともだちの、特徴《とくちょう》をふりかえってみよう！

5年生　こはるさん

- 文字を声に出して読んだり、自分が考えたことを話したり、発表《はっぴょう》したりすることがむずかしい
- やさしい性格なのに、自信《じしん》がもてず、いつもおどおどしている

5年生　りょうさん

- 文字を書くのが苦手で、ぐちゃぐちゃな字を書いてしまう
- いっしょうけんめい聞いているのに、聞きもらしてしまうことが多く、忘れものばかりしている

3年生　だいきさん

- べんきょうは得意《とくい》で成績《せいせき》もトップクラスなのに、なぜか九九がおぼえられない
- 文章《ぶんしょう》問題も苦手で、算数の時間だけ、やる気をもてない

3年生　さくらさん

- 活発《かっぱつ》な性格だけど、作文がじょうずに書けない、物語のストーリーを読み取れないなど、意外《いがい》に苦手なことが多い
- 簡単《かんたん》な計算もむずかしい

第2章
どこがちがうの？
学習障害（LD）の子の得意なこと・苦手なこと

学習障害（LD）とは、どんな障害なのでしょうか。
どうして、得意なことと苦手なことにばらつきがあるのか、
どんなことで困っているのか。
知っておけば、いざというときに協力《きょうりょく》し合ったり、
助け合ったり、できるはずです。

1 学習障害（LD）って何？どんな人たちなの？

脳《のう》の働《はたら》きにかたよりがある

脳は、情報《じょうほう》を整理《せいり》し、行動を決める司令塔《しれいとう》の役割《やくわり》をもっています。

わたしたちは、ふだん目や耳、鼻《はな》、皮膚《ひふ》などの感覚器官《かんかくきかん》からまわりの情報（見たものや聞いたもの）を取り入れ、その情報を脳へと送っています。

脳は、取り入れた情報を記憶《きおく》にある知識《ちしき》とてらしあわせながら、次に何をするのかを決め、運動器《うんどうき》官《かん》に命令《めいれい》を出します。つまり、わたしたちは、脳の命令により、体を動かしたり、話したりしているのです。

ところが、LDの人の場合、この脳の働《はたら》きの一部にかたよりがあるのではないかと考えられています。

極端《きょくたん》に不得意《ふとくい》なことがあり、べんきょうでつまずく

そのため、主《おも》に「聞く・話す・読む・書く・計算する・推《すい》論《ろん》する」といった力にばらつきがみられ、べんきょうでつまずいてしまいます。

人はだれでも、得意なことと不得意なことがあります。けれども、LDの人の場合、極端に不得意なことができてしまいます。

教科《きょうか》の学習にあてはめると1～2年以上おくれるため、授業《じゅぎょう》につ

いていけず自信《じしん》をなくしてしまったり、やる気を失ってしまったりすることがあります。

できることと苦手なことの差が大きい

ただし、「学習障害」だからといって、すべての学習ができないわけではありません。

りょうさんのように「読むのは得意だけど、書くのが苦手」、だいきさんのように「成績《せいせき》はトップクラスなのに、算数だけは理解《りかい》できない」など、人によってできることとできないことが、それぞれちがいます。

苦手なこと以外はできているので、「なぜ、これができるのに、これができないの？」「簡単《かんたん》なことなのに」とふしぎがられたり、「できるのに、さぼっている」「努力《どりょく》が足りない」と思われたりします。

けれども、どうしてみんなと同じようにできないのか、一番ふしぎに思い、困っているのは本人なのです。

ちがうよ～

生まれつきの特性だということをわかって

LDは、生まれつきの脳の特性によるものです。完全《かんぜん》になおすことはできませんが、特性に合わせた工夫《くふう》をすることで、弱いところをカバーできるようになります。そして、ゆっくりとでも、その人なりに成長していくことができます。

できるだけ早く、まわりがLDの人が困っていることに気づき、協力《きょうりょく》しながらその人に合った学習の方法を見つけていくことが、とても大切《たいせつ》なのです。

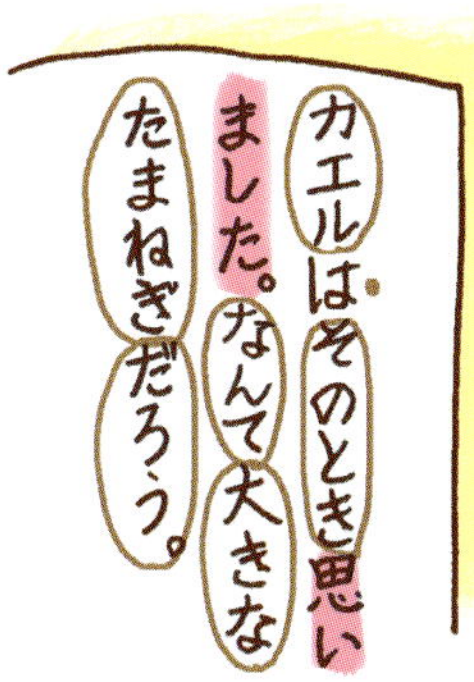
カエルはそのとき思いました。
なんて大きな
たまねぎだろう。

この動物は何？
うさぎ
色は？
白

2 学習障害（LD）の子は、どんなことが苦手なの？

脳《のう》の連携《れんけい》プレーで発音する

「読む」「話す」といった行動をスムーズに行うためには、司令塔《しれいとう》である脳が、すばやく働《はたら》いています。

たとえば、「りんご」と話すとき。脳の中では、まず「思い浮かべたこと」を、ストックしてある「知っている言葉《ことば》（辞書《じしょ》）」とてらしあわせ、ぴったりくるものをさがします。そして、「り・ん・ご」という音が見つかったら、脳がのどやくちに命令《めいれい》を出し、「りんご」と発音するというプロセスが、一瞬《いっしゅん》でおこなわれているのです。

LDの人は、こうした脳の連携プレーのどこかがうまく働かないため、スムーズに言葉が出なかったり、まちがえたりしてしまうのだと考えられています。苦手なことは、人によってさまざまですが、次のようなものがあります。

LDの子が苦手なこと① 見たものを区別《くべつ》して読み取ること

文字を読んだり書いたりするためには、文字のパーツの大小や形などを正しく見分けなければなりません。

「は」と「ほ」、「6」と「9」など、似ている文字は、6歳くらいになると、見分けることができるようになります。ところが、LDの人の中には、見たものを区別するのに時間がかかったり、正しくとらえる力が弱かったりする人がいます。

見たものを区別することができないと、よく似た文字を読みまちがえたり、正しい漢字《かんじ》が書けなかったり、読み書きに困難《こんなん》があらわれます。

LDの子が苦手なこと②　聞いたものを区別して聞き分けること

人の話を理解《りかい》するためには、音を正しく聞き分ける力が必要です。LDの人の中にはその力が弱く、「ねこ」と「ねっこ」、「クラス」と「グラス」などの音のちがいが、聞き分けられない人もいます。

耳から聞いた情報《じょうほう》を、脳の中でうまく処理《しょり》することができていないのです。

LDの子が苦手なこと③　必要な情報を取り出すこと

わたしたちは、ふだん、何気《なにげ》なくものを見たり聞いたりしています。でも実《じつ》は、多くの情報の中から見ようとするものや聞こうとするものをえらんで、必要な情報だけ読み取っています。

たとえば、文字がたくさんならんでいる教科書《きょうかしょ》から読みたいところだけ読むことや、休み時間のさわがしい校庭でともだちと話ができるのも、そのためです。

けれども、LDの人の中には、見えているものや聞こえてくる音が、脳の中にすべて同じように入ってきてしまう人がいます。

必要な情報だけを、うまく取り出すことができず、大切なことを聞きのがしてしまったり、見落としてしまったりして、べんきょうについていけなくなってしまうこともあります。

LDの子が苦手なこと④
二つ以上の作業《さぎょう》を同時に行うこと

ふだんの生活や、べんきょうをしていくなかで、「聞きながら書く」「音読《おんどく》（声に出して文字を読む）」など、二つの作業を同時に行うことがあります。

たとえば「聞きながら書く」は、耳から入ってきた音の情報を、脳の中で文字という情報におきかえ、手指《てゆび》を使って書くところまでを行う作業です。

一方《いっぽう》で「音読」は、目からとらえた文字という情報を、脳で読み取って、脳の中で音の情報におきかえ、それを声に出さなければならない作業です。

つまり「音読」は、目から取り入れた情報を、脳を介して、「声に出して読む」という別の行動に移す作業ともいえます。

LDの人の中には、こうした二つの作業を同時に行うことが苦手な人がいます。

LDの子が苦手なこと⑤
空間《くうかん》をイメージすること

わたしたちは、自分を中心にまわりのものの位置《いち》や大きさを、上下、左右《さゆう》、東西南北《とうざいなんぼく》、縦《たて》、横《よこ》、高い、低いなどの感覚《かんかく》を使ってイメージしています。

LDの人の中には、この感覚にぶさのある人がいます。位置や大きさがイメージできず、そのため、読み書きにも困難がうまれます。

左右の感覚がわからないため、「く」を「>」と、「し」を「J」と書くなど、鏡《かがみ》にうつしたような文字を書いたり、漢字のへんやつくりを逆に書いたりすることがあります。

「bとd」「pとb」などのローマ字も、線のむきがすぐには区別しづらいため、LDの人にはむずかしいといわれています。

そのほか、地図が読めない、絵をかくのが苦手などといった特性としてあらわれることもあります。

LDの子が苦手なこと⑥ 数字や記号におきかえて計算すること

LDの人の中には、具体的《ぐたいてき》なものを数えることはできても、それを数字や記号におきかえて考えることがむずかしい、という人がいます。

たとえば、「3つ」のりんご、「3本」のえんぴつといったものを、「3」という数字でとらえることができません。

また、12枚のクッキーを数えて、それを3人で分けることができても、「12÷3」という式におきかえて計算することはむずかしいのです。

LDの子が苦手なこと⑦ 注意《ちゅうい》したり記憶《きおく》したりすること

授業にかかわる先生の話など、大切《たいせつ》な話に注意をむけて聞き取ったり、聞いたことをおぼえたりすることが苦手な人もいます。

そのため、似た言葉を聞きまちがえたり、重要なポイントを聞きもらしたりしてしまいます。

また、「ほうきではいて、ごみはごみ箱に捨てて」など、二つの指示《しじ》をいっぺんに出されるとおぼえておくことができません。

LDは、学習面に困難が生じる発達障害

LDは、知的《ちてき》障害とは異なります。また、視覚《しかく》障害や聴覚《ちょうかく》障害など、身体的な原因《げんいん》でおこるものでもありません。

日本では、LDのほか、コミュニケーションや想像力に特性がみられる自閉スペクトラム症（ASD）、注意力や行動・感情のコントロールがむずかしい注意欠如《けつじょ》・多動症《たどうしょう》（ADHD）、トゥレット症候群《しょうこうぐん》、吃音《きつおん》などが、まとめて発達障害とよばれています。

いろいろな特性をあわせてもっている人も多く、年齢《ねんれい》などによっても目立つところがちがうため、専門のお医者さんでも簡単《かんたん》には見分けることがむずかしい場合《ばあい》もあります。

３ みんなが楽しくすごせるように、何を手伝《てつだ》ってあげたらいいの？

①～⑤ みんながする
⑥～⑩ できたらする
5問だけなら がんばれそう

あのね、昨日 わたし……
うん
うん

①変えさせるのではなく、てだてをふやす

LDの人は苦手さとつきあいながら、自分なりに工夫《くふう》した「やり方」を身につけていることがあります。「まちがっている」と否定《ひてい》したり、やめさせたりすることはありません。できることからゆっくり取り組み、新しい方法をふやしていけるよう協力《きょうりょく》することが大切《たいせつ》です。

②「見えやすい」「聞こえやすい」教室に

見ることや聞くことで困っているなら、見えやすく、聞こえやすい教室になるよう協力しましょう。ノートを見せたり、文字を代わりに読んだり、できることがあるはずです。

③苦手な課題は少なくし、負担《ふたん》をへらす

読み書きや計算に時間がかかる場合《ばあい》、できるだけ課題は少なくし、計算機やICT《アイシーティー》機器（タブレットやパソコン）を使うなど、負担をへらす工夫をしましょう。

④ いつでも確認《かくにん》できるようにしておく

答えやヒントをいつでも確認できるように、早見表《はやみひょう》をはったり、カードなどを用意《ようい》したりしておきましょう。また、聞きもらしたり、聞きまちがえたり、見逃《みのが》したりしていることがないよう、重要なポイントをわかっているかどうか、必ず確認しましょう。できるだけ、メモやプリントをわたすようにします。

⑤ できること・得意《とくい》なことをいかす

LDの人は、「みんなと同じようにわかりたい」「できるようになりたい」と思っています。けれども、同じ方法でがんばっても自分だけできないことに気づき、困ったり、悩んだりしています。そのため、はげましの言葉《ことば》をかけると、かえって傷《きず》つけてしまう場合もあります。

苦手なところばかりが目立ってしまうと、どんどん自信《じしん》をなくしてしまいます。できることや得意なことをいかして、自信をもてるような機会《きかい》をつくっていくことも大切です。

⑥ 「教えて」「助けて」と言えるクラスに！

自分で解決《かいけつ》できないことがあるとき、近くに得意な人がいたら、「教えて」「助けて」とたのめるほうがいいですよね。助けてほしいときは、「助けて」と言っていいのです。

手助《てだす》けを受けることは悪いことではなく、わからないことを理解《りかい》できるようになるためには、力を借りるほうがいいのだと伝えましょう。気軽《きがる》に助け合えるクラスがすてきです。

先生・保護者のみなさま・大人の読者の方へ

学習障害（LD）の子どもたちは、ほかの子どもたちと同じように「もっと学びたい」「べんきょうができるようになりたい」「わかりたい」と思っています。

けれども、ほかの子どもたちと認知のシステムや感覚がちがうため、情報共有がむずかしく、授業についていけなくなってしまったり、極端に苦手なことができてしまうのです。

まわりの大人がLDだということに気づかず、「どうしてそんなこともできないの?」「何度も言っているのに」と叱責したり、苦手なことを克服させようとして特性に合わない学習方法を強要したりしても、本人が困っていることは解決されません。それどころか、「私はダメだ」と自信を失ってしまったり、「どうせやってもムダ」とやる気をなくしてしまったりするのです。

この本に出てくる4人も、さまざまな場面で人知れず苦労していることがわかってもらえたのではないかと思います。

2005年に「発達障害者支援法」という法律が施行され、これまでは支援の対象となっていなかった発達障害の人を「学校や職場などで支えていこう!」と決められました。また、2016年には「障害者差別解消法」が施行され、学校などでの「合理的配慮」が義務づけられました。

学校の中でも、できる範囲でLDの子たちがわかりやすい授業を行い、しっかりと必要なことを伝え、学びやすい環境を整えていくことが急務となっています。

特性に合った学び方を工夫することで、LDの子はゆっくりと発達し、必ず変化していきます。大切なのは学校や日々の暮らしの中で、「わかった!」「できた!」という達成感が得られる経験をふやすこと。そのためには、まず大人がLDを理解し、その子の特性を知る努力をする必要があります。

それぞれの個性を認め合い、みんなで協力しながら、工夫し、助け合える、そんなクラスになっていくといいですね。

おわりに

学習障害（LD）の人たちが、学校生活で、どんなことに困っているのか、
少し、わかってもらえましたか？

LDの人たちは、ちょっとみんなとちがいます。
でも、「ちがう」ということは、悪いことばかりではありません。

学校では、苦手なことばかり目立ってしまうかもしれませんが、
得意《とくい》なことや、ちがいがあるからこそできることも、
たくさんあるのです。

どこがちがうのかを考えたり、
どうすればうまくいっしょにやれるのか作戦をねったり、
ちがいをいかして協力《きょうりょく》したり……。

そんなふうに、楽しむことができれば、きっと、
みんなの世界は、どんどん広がっていくはずです。

参考資料など

『発達と障害を考える本③　ふしぎだね!?　ＬＤ（学習障害）のおともだち』
内山登紀夫　監修／神奈川ＬＤ協会　編（ミネルヴァ書房）

『新しい発達と障害を考える本③　もっと知りたい！　ＬＤ（学習障害）のおともだち』
内山登紀夫　監修／神奈川ＬＤ協会　編（ミネルヴァ書房）

『新しい発達と障害を考える本⑥　なにがちがうの？　アスペルガー症候群の子の見え方・感じ方』
内山登紀夫　監修／尾崎ミオ　編（ミネルヴァ書房）

『新しい発達と障害を考える本⑦　なにがちがうの？　ＬＤ（学習障害）の子の見え方・感じ方』
内山登紀夫　監修／杉本陽子　編（ミネルヴァ書房）

『ディスレクシア　発達性読み書き障害トレーニング・ブック』
平岩幹男　著（合同出版）

『子ども・大人の発達障害診療ハンドブック』
内山登紀夫　編（中山書店）

『アスペルガー症候群を知っていますか？』
ローナ・ウィング　監修／内山登紀夫　著（東京都自閉症協会）

『発達障害　キーワード&キーポイント』
市川宏伸　監修（金子書房）

監修者紹介

内山登紀夫（うちやま　ときお）

精神科医師。専門は児童精神医学。順天堂大学精神科、東京都立梅ヶ丘病院、大妻女子大学人間関係学部教授、福島大学大学院人間発達文化研究科学校臨床心理専攻教授を経て、2016年4月より大正大学心理社会学部臨床心理学科教授。2013年4月より福島県立医科大学会津医療センター特任教授併任。よこはま発達クリニック院長、よこはま発達相談室代表理事。1994年、朝日新聞厚生文化事業団の奨学金を得て米国ノース・カロライナ大学TEACCH部シャーロットTEACCHセンターにて研修。1997～98年、国際ロータリークラブ田中徳兵衛冠名奨学金を得てThe center for social and communication disorders（現The NAS Lorna Wing Centre for Autism）に留学。Wing and Gouldのもとでアスペルガー症候群の診断・評価の研修を受ける。

デ ザ イ ン　大野ユウジ（co2design）
イ ラ ス ト　藤井昌子
D　T　P　レオプロダクト
編 集 協 力　尾崎ミオ（TIGRE）
企 画 編 集　SIXEEDS

あの子の発達障害がわかる本②
ちょっとふしぎ
学習障害 LDのおともだち

2019年3月10日　初版第1刷発行　〈検印省略〉
定価はカバーに表示しています

監 修 者　内 山 登 紀 夫
発 行 者　杉 田 啓 三
印 刷 者　森 元 勝 夫

発行所　株式会社　ミネルヴァ書房
607-8494　京都市山科区日ノ岡堤谷町1
電話　075-581-5191／振替　01020-0-8076

モリモト印刷

ISBN978-4-623-08501-9

Printed in Japan

[redacted]

あの子の発達障害がわかる本

3

ちょっとふしぎ 注意欠如・多動症 ADHDのおともだち

内山登紀夫＝監修

ミネルヴァ書房

はじめに

あなたのまわりに、とってもユニークだけど、うっかりミスが多かったり、忘れものが多かったり、じっとしていられなかったり、がまんできなかったり、ちょっと困った行動が多くて、失《しっ》敗《ぱい》ばかりしているふしぎなおともだちはいませんか？

「しかられても、どうして、またやるの？」「毎回、同じことばかり注意《ちゅうい》されてるのに……」と、気になるその行動の背景《はいけい》には、もしかしたら注意欠如《けつじょ》・多動症《たどうしょう》（ＡＤＨＤ）という特性が隠《かく》れているのかもしれません。

ＡＤＨＤの人は、生まれつき脳《のう》のしくみが他のみんなとちがうため、自分《じぶん》の行動をうまくコントロールすることができず、学校や毎日の生活で苦労しています。

「今度《こんど》はがまんしよう」「もう二度と失敗しないぞ」「大切《たいせつ》なものを忘れたくない」「みんなに迷惑《めいわく》をかけたくない！」と思って努力《どりょく》していても、同じ失敗をくりかえしてしまうのです。

そんなＡＤＨＤの人たちが、どんなことに困っているのかを知ってほしくて、この本をつくりました。ＡＤＨＤの人たちの悩みに耳をかたむけ、どうすればよいのか、いっしょに解決法《かいけつほう》を考えていけるといいですね。そうすれば、ＡＤＨＤの人たちの困りごとが少なくなるだけでなく、学校やクラスを、みんながもっと過ごしやすい場所《ばしょ》にしていくことが、できるかもしれません。

ぜひ、「あの子に似ているな」「わたしだったらこうするかも」と、想像力をふくらませながら読んでみてください。

【もくじ】

第1章　なんでこうなるの？　どうすればいい？

第2章 どこがちがうの？ 注意欠如・多動症（ADHD）の子の得意なこと・苦手なこと

《この本の構成》

第1章　なんでこうなるの？　どうすればいい？

注意欠如・多動症（ADHD）の子の行動の背景《はいけい》にある、感じ方やとらえ方を知るための章です。
4人のおともだちのふしぎな行動について紹介《しょうかい》しています。

さいしょのページ

みんなが
「ふしぎだな」「何でそうなるの？」と
とまどってしまう場面《ばめん》を、
紹介しています。

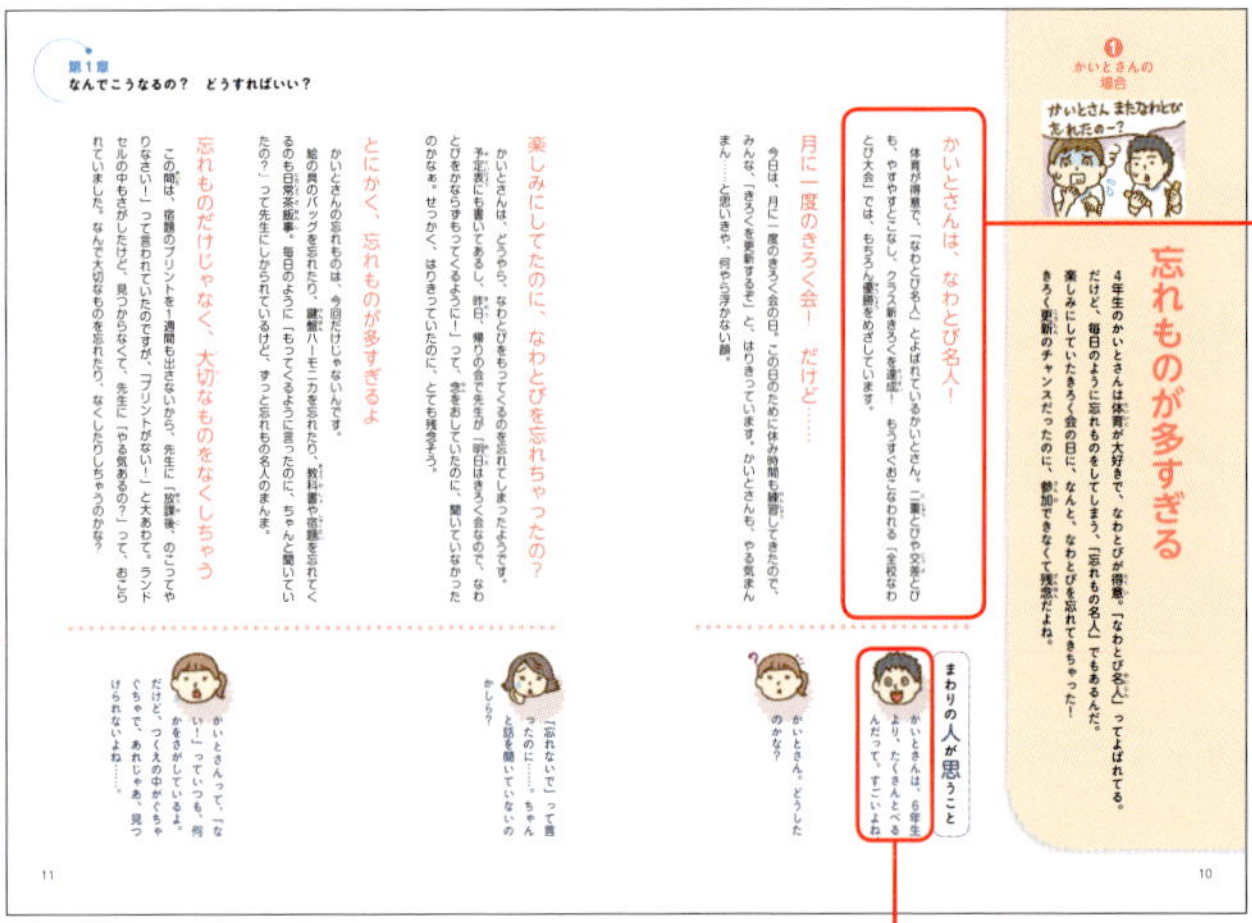

よくあるエピソードを紹介しています。

その場にいた、みんなの感想《かんそう》です。

つぎのページ

どうしてそうなってしまったのか、
ADHDのおともだちが
どんなふうに感じていたのか、
本人の視点で解説《かいせつ》します。

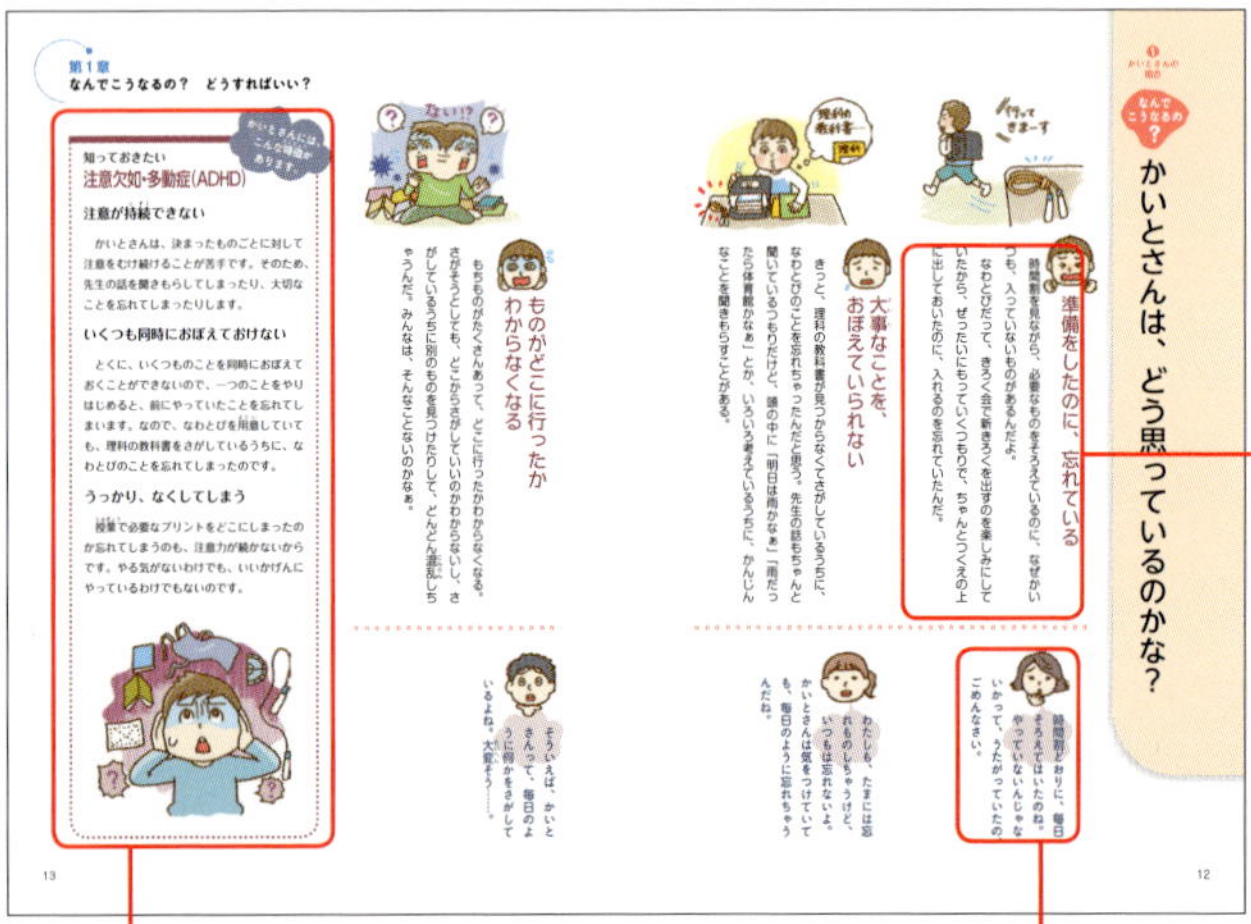

ADHDの子の、心の声を表しています。

エピソードをふりかえりながら、ADHDの特性を解説します。

ADHDの子のとらえ方を知って、みんなが感じたことです。

さいごのページ

どうすればうまくいくのか、どんな工夫《くふう》ができるのかを考えてみます。

その子の特性をふまえて、うまくいきそうな方法を紹介しています。

ADHDの子の、感想を言葉《ことば》に表しています。

理解《りかい》を深めるために、とくにおさえておきたい大切なポイントをおさらいしています。

第2章

どこがちがうの？ 注意欠如・多動症（ADHD）の子の得意なこと・苦手なこと

この章では、ADHDについて、さらにくわしく解説しています。

❶では、ADHDはどのような障害なのかを、簡単《かんたん》に紹介します。

❷では、ADHDの子が何が得意で、どんなことが苦手なのか、説明《せつめい》します。

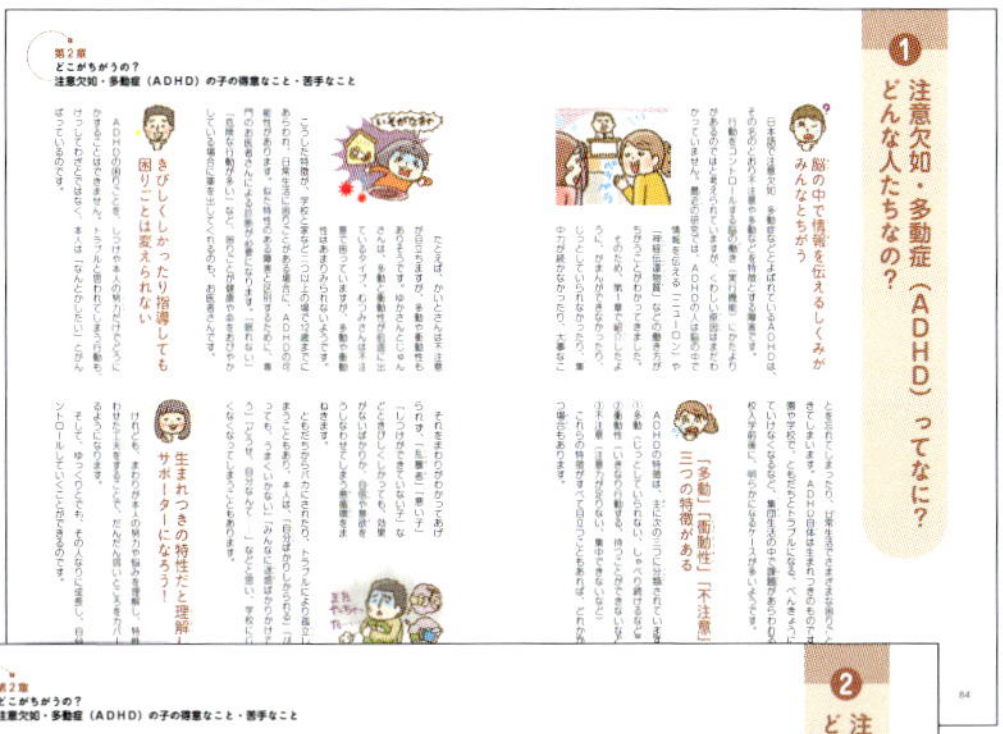

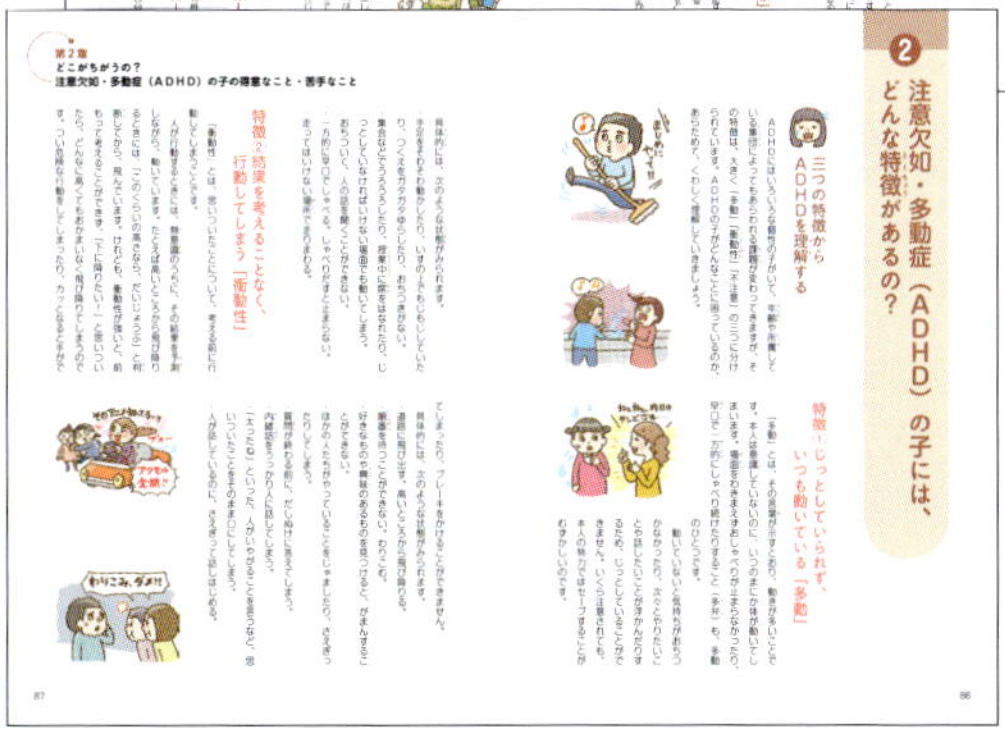

この本に出てくる おともだち 紹介《しょうかい》

4年生　かいとさん

好奇心《こうきしん》おうせいで、発想《はっそう》がユニーク。
とっても楽しい、クラスの人気者《にんきもの》。
だけど自由すぎるうえに、
おっちょこちょいなので、
いろいろやらかしてしまう。

5年生　ゆかさん

おしゃべりで、明るくて、
とにかくエネルギッシュ！
ときどき、つっぱしりすぎて、
先生から注意されることもあるけど、
リーダーシップもバツグン。

4年生　じゅんさん

体が大きくて、スポーツ万能《ばんのう》！
元気いっぱいで、いつも走っている。
気が短くてキレやすいけど、
実《じつ》は、「また、やってしまった」と
反省《はんせい》している心やさしい性格《せいかく》。

6年生　むつみさん

ちょっと、ぼんやりしていて、
約束《やくそく》を忘れたり、大切《たいせつ》なことを忘れたり、
うっかりミスが多い。
だけど、いつもおだやかで、
やさしい雰囲気《ふんいき》の癒《いや》し系《けい》。

第１章
なんでこうなるの？どうすればいい？

注意欠如・多動症（ADHD）の子どもたちは、
何度《なんど》も同じ失敗《しっぱい》をくりかえしてしまったり、
大切《たいせつ》な場面《ばめん》で、力を出しきれなかったり、
自分をうまく使いこなすことができなくて、困っています。
本人がどう思っているのか心の声に耳をかたむけ、
どうすればうまくいくのか、いっしょに考えてみましょう。

①
かいとさんの場合

忘れものが多すぎる

4年生のかいとさんは体育《たいいく》が大好きで、なわとびが得意《とくい》。「なわとび名人《めいじん》」ってよばれてる。だけど、毎日のように忘れものをしてしまう、「忘れもの名人」でもあるんだ。楽しみにしていたきろく会の日に、なんと、なわとびを忘れてきちゃった！　きろく更新《こうしん》のチャンスだったのに、参加《さんか》できなくて残念《ざんねん》だよね。

かいとさんは、なわとび名人！

体育が得意で、「なわとび名人」とよばれているかいとさん。二重《にじゅう》とびや交差《こうさ》とびも、やすやすとこなし、クラス新きろくを達成《たっせい》！　もうすぐおこなわれる「全校なわとび大会」では、もちろん優勝《ゆうしょう》をめざしています。

月に一度のきろく会！　だけど……

今日は、月に一度のきろく会の日。この日のために休み時間も練習《れんしゅう》してきたので、みんな、「きろくを更新するぞ」と、はりきっています。かいとさんも、やる気まんまん……と思いきや、何やら浮かない顔。

まわりの人が思うこと

かいとさんは、6年生より、たくさんとべるんだって。すごいよね。

かいとさん。どうしたのかな？

楽しみにしてたのに、なわとびを忘れちゃったの？

かいとさんは、どうやら、なわとびをもってくるのを忘れてしまったようです。予定表《よていひょう》にも書いてあるし、昨日《きのう》、帰りの会で先生が「明日《あした》はきろく会なので、なわとびをかならずもってくるように！」って、念《ねん》をおしていたのに、聞いていなかったのかなぁ。せっかく、はりきっていたのに、とても残念そう。

とにかく、忘れものが多すぎるよ

かいとさんの忘れものは、今回だけじゃないんです。

絵の具のバッグを忘れたり、鍵盤《けんばん》ハーモニカを忘れたり、教科書《きょうかしょ》や宿題《しゅくだい》を忘れてくるのも日常茶飯事《にちじょうさはんじ》。毎日のように「もってくるように言ったのに、ちゃんと聞いていたの？」って先生にしかられているけど、ずっと忘れもの名人のまんま。

忘れものだけじゃなく、大切《たいせつ》なものをなくしちゃう

この間《あいだ》は、宿題のプリントを1週間も出さないから、先生に「放課後《ほうかご》、のこってやりなさい！」って言われていたのですが、「プリントがない！」と大あわて。ランドセルの中もさがしたけど、見つからなくて、先生に「やる気あるの？」って、おこられていました。なんで大切なものを忘れたり、なくしたりしちゃうのかな？

「忘れないで」って言ったのに……。ちゃんと話を聞いていないのかしら？

かいとさんって、「ない！」っていつも、何かをさがしているよ。だけど、つくえの中がぐちゃぐちゃで、あれじゃあ、見つけられないよね……。

1 かいとさんの場合

なんでこうなるの？

かいとさんは、どう思っているのかな？

準備《じゅんび》をしたのに、忘れている

時間割を見ながら、必要なものをそろえているのに、なぜかいつも、入っていないものがあるんだよ。

なわとびだって、きろく会で新きろくを出すのを楽しみにしていたから、ぜったいにもっていくつもりで、ちゃんとつくえの上に出しておいたのに、入れるのを忘れていたんだ。

大事《だいじ》なことを、おぼえていられない

きっと、理科の教科書が見つからなくてさがしているうちに、なわとびのことを忘れちゃったんだと思う。先生の話もちゃんと聞いているつもりだけど、頭の中に「明日は雨かなぁ」「雨だったら体育館かなぁ」とか、いろいろ考えているうちに、かんじんなことを聞きもらすことがある。

時間割どおりに、毎日、そろえてはいたのね。

やっていないんじゃないかって、うたがっていたの。ごめんなさい。

わたしも、たまには忘れものしちゃうけど、いつもは忘れないよ。

かいとさんは気をつけていても、毎日のように忘れちゃうんだね。

かいとさんには、こんな特徴《とくちょう》があります。

知っておきたい
注意欠如・多動症(ADHD)

注意が持続《じぞく》できない

かいとさんは、決まったものごとに対して注意をむけ続けることが苦手です。そのため、先生の話を聞きもらしてしまったり、大切なことを忘れてしまったりします。

いくつも同時におぼえておけない

とくに、いくつものことを同時におぼえておくことができないので、一つのことをやりはじめると、前にやっていたことを忘れてしまいます。なので、なわとびを用意《ようい》していても、理科の教科書をさがしているうちに、なわとびのことを忘れてしまったのです。

うっかり、なくしてしまう

授業《じゅぎょう》で必要なプリントをどこにしまったのか忘れてしまうのも、注意力が続かないからです。やる気がないわけでも、いいかげんにやっているわけでもないのです。

ものがどこに行ったかわからなくなる

もちものがたくさんあって、どこに行ったかわからなくなる。さがそうとしても、どこからさがしていいのかわからないし、さがしているうちに別のものを見つけたりして、どんどん混乱《こんらん》しちゃうんだ。みんなは、そんなことないのかなぁ。

そういえば、かいとさんって、毎日のように何かをさがしているよね。大変《たいへん》そう……。

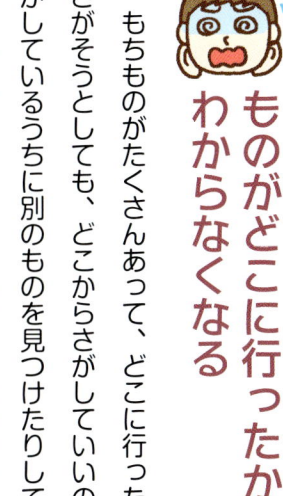

❶ かいとさんの場合

こうすれば、うまくいきそう！

1 学校に予備《よび》を用意する

かいとさんの場合《ばあい》、努力《どりょく》しても、忘れものを完全《かんぜん》になくすことはむずかしいようです。忘れものがあっても授業に参加できるよう、教科書はもちろん、文房具《ぶんぼうぐ》、なわとび、鍵盤ハーモニカなどを、一セット用意して、教室においておくことにしました。

きろく会に参加できないと思ってガッカリしてたけど、なわとびを貸してもらえたから出られてよかった。できるだけ気をつけるね。

2 注意がむくよう工夫《くふう》する

先生が話しているときに、頭の中でいろいろなことを考えてしまい、止めることができません。なので、大切な話をするときは、注意がむくように「かいとさん」と声をかけさりげなく肩をたたいたり、あとから聞いていたかどうか確認《かくにん》することにしました。

「明日は、鍵盤ハーモニカをもってきてね」って、帰るときに声をかけてもらったから、助かった。

CHECK POINT

しかったり、罰《ばつ》を与えても、「うっかり」は、なくならない

忘れものが多かったり、大切なものをなくしたり、「うっかり」が多いタイプの子に対して、叱責《しっせき》やペナルティを科すのはNGです。本人が自信《じしん》をなくしたり、やる気をなくしたりしないよう、サポートしましょう。

❶「何度も言ったのに」「また、忘れたの？」などとしかり、本人のやる気をうばっていないか。

❷本人のストレスをふやすだけの、意味《いみ》がない罰やペナルティを与えていないか。

❸忘れものをしても、授業に参加できるよう、配慮《はいりょ》できているか。

❹大切なことは、きちんと伝えるよう、工夫しているか。

❺いっしょに整理《せいり》するなどし、大切なものの管理の方法を教えているか。

3
大切なプリントは、入れる場所《ばしょ》を決める

かいとさんは、ものの管理《かんり》が苦手なため、大切なものをなくしてしまうこともあるようです。「大切なものを入れるファイル」や「大切なものを入れる箱」を用意し、そこに仕分けるルールを決めました。

大切なプリントを入れる場所を決めたから、なくすことがなくなったよ。

② かいとさんの場合

いつも何かをまちがえる

かいとさんは、人の話を聞いていないのかな? それとも、思いこみがはげしいのかな? 聞きまちがえや書きまちがえが多くて、失敗《しっぱい》ばかりしているんだ。この間《あいだ》、調べ学習で取材《しゅざい》に行ったんだけど、かいとさんはミスを連発《れんぱつ》! がんばってるんだけど、からまわりばかりで、なんだかうまくいかないよね……。

待ち合わせの場所《ばしょ》に、あらわれない

5時間目の調べ学習の時間。かいとさんのグループは、それぞれ準備《じゅんび》をしてから裏《うら》門《もん》で待ち合わせ、ちかくの商店街《しょうてんがい》で取材することになっていました。みんなすぐ集まったのに、かいとさんだけあらわれません。トイレにでも行っているのでしょうか?

かいとさん、また、まちがえてる……

5分たち、10分たち、さすがに「おかしいな……」とみんなが思いはじめたころ、ようやく「ごめん!」と、かいとさんが登場。まちがえて正門《せいもん》で待っていたんですって。「早くしないと、取材の時間がなくなっちゃうよ」と、みんなは不満《ふまん》そう。

まわりの人が思うこと

準備をして、裏門に行くだけなのに、そんなに時間がかかるわけないよね……。

「裏門で待ち合わせ」って言っていたのに、どうしてまちがえるんだろう。

まちがえてばかりで、からまわり

取材でも失敗は続きました。八百屋《やおや》の山田さんに「田中さん」って言っちゃったり、お客さんをお店の人とまちがえたり、「この店はもうすぐ50年なんだよ」と教えてもらったあとに「何年やっているんですか？」と聞いてしまったり……。本人は汗をかきつつ、いっしょうけんめいなのですが、何かとからまわりしてしまいます。

メモの字が読めないよ……

それに、かいとさんはどうやらメモをとるのが苦手なよう。取材中、ちゃんとメモをとっていたのですが、字が汚《きたな》すぎて読めません。けいたさんに、「魚屋さんの名前はなんだっけ？」と聞かれたのですが、自分のメモが読めなくて「うおまるかな？　うおますかな？」と困っています。しっかりメモをとっていたみきさんが「魚正《うおまさ》だよ！」と教えてくれたので、なんとかなったのですが……。

テストやプリントも、ミスが多すぎる……

ふだんから、聞きまちがえや書きまちがえも多いのです。この間も先生が「かならず4日までに出してね」と言ったプリントを、8日までと思っていました。急いでやることになったのですが、年号をまちがえたり、年齢《ねんれい》を書くところにたんじょうびを書いたり、むちゃくちゃ。テストでもミスが多いので、先生も頭をかかえています。

かいとさん、まちがいが多いから、見ていてハラハラしちゃうよ。

ぼくも字を書くのは苦手だけど、かいとさんほどじゃないよ。自分の字が読めないなんて、メモの意味《いみ》がないよね。

テストでも書く場所をまちがったり、字が読めなかったり、まちがいが多いから、本当に困ってしまうわ。

② かいとさんの場合

なんでこうなるの？

かいとさんは、どう思っているのかな？

まちがえて、おぼえてしまう

「裏門」って聞いていたのに正門に行ってしまったり、4日を8日とかんちがいしたり、ちゃんと聞いているつもりなのに、かんじんなところでまちがえてしまう。

思いこみがはげしいのかな。まちがえていることにも気づかないんだ。

おぼえたことを、書くことも苦手

うっかりまちがえることが多いから、メモをとるように努力《どりょく》はしているんだ。でも、聞いておぼえたことを書くのが苦手で、ぐちゃぐちゃの字になってしまったり、自分で書いたメモが読めなかったり、まちがえてメモしてしまうこともあるから、あんまり役《やく》にたっていないかも。

そうなんだ。けっして、いいかげんに聞いていたわけではないのね。

メモをとっても読めなかったり、まちがってたりするんじゃ、困っちゃうよね。どうしたらいいのかな。

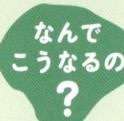

かいとさんには、こんな特徴《とくちょう》があります。

知っておきたい
注意欠如・多動症(ADHD)

聞いたことをおぼえておけない

注意が持続《じぞく》できないかいとさんは、さっき聞いたことでもすぐに忘れてしまうことがあります。聞いていないわけではなく、そのときはちゃんと聞いているのですが、脳《のう》の中にストックしておくことができないのです。

まちがえて、思いこんでしまう

おぼえておけないので、思い出すときにまちがえてしまうことがあります。「待ち合わせはどこだっけ？」「正門かな？」と勝手《かって》に想像し、「正門で待ち合わせ」と思いこんでしまうのです。日にちや名前をまちがえたりしてしまうのも、そのためです。

べんきょうで苦労することもある

文字を書くのが苦手だったり、書く場所をまちがえたり、べんきょうでも苦労しているかいとさんは、学習障害（LD）の傾向《けいこう》があるのかもしれません。ADHDの人の半分くらいは、LDもあるといわれています。

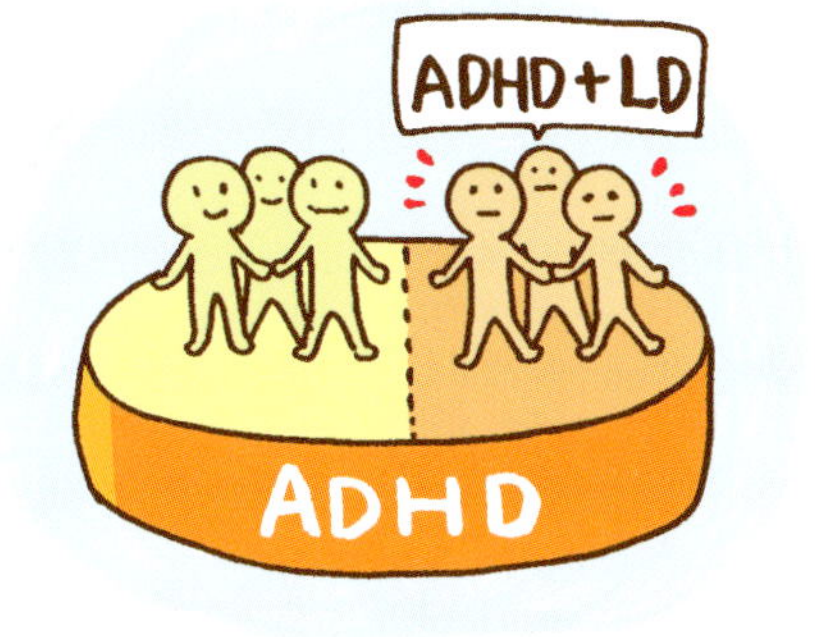

がんばってるけど、できない

テストやノートを返してもらうときに、赤で×がいっぱいだから、テンションがさがる。「がんばって!」とか「やればできる!」とか言われて、がんばっているつもりなんだけど、うまくいかないんだ。もう、これ以上、がんばれないよ。何度《なんど》もミスをくりかえしてしまうから、だんだん、「おれって本当にダメなやつかも……」って自信《じしん》がなくなってきた。

「がんばって」とはげましているつもりだったけど、かいとさんにはプレッシャーになっていたのね。

こうすれば、うまくいきそう！

1 大切《たいせつ》なことは書いてわたし、くりかえして確認《かくにん》する

おぼえておくことが苦手なかいとさんがまちがえないように、待ち合わせの場所、時間などは、できるだけ手に書いたり、めんどうでもメモを書いてわたすようにしました。クラスメイトにも、くりかえして「裏門でね」などと確認するようお願いしました。

待ち合わせのとき、いつも「あれ？どこだっけ」ってなるから、手に書いてもらえて、助かった！

2 いっしょに、見直すことにする

簡単《かんたん》なミスをへらすため、プリントやメモなどは、見直すクセをつけました。となりの席《せき》のみきさんにお願いして、まちがえがないか、書き忘れているところがないか、できるだけいっしょにチェックしてもらいます。

「名前を書くのを忘れているよ！」って、みきさんがチェックしてくれたよ。これで、少しはミスがへるかな。

CHECK POINT

ミスをカバーする工夫《くふう》をしながら、得意なことをのばす！

失敗を完全《かんぜん》になくすことはできませんが、へらす工夫をしたり、協力《きょうりょく》してカバーしたりすることはできます。「失敗ばかり……」と自信をうしなってしまわないよう、サポートしましょう。

❶おぼえておくことが苦手な子のために、メモをわたす、くりかえして確認するなどの、工夫をしているか。

❷プリントなどは出す前にいっしょに見直し、ミスがないかチェックしているか。

❸本人が自信をなくしたり、「がんばってもムダ」と投げやりになったりしていないか。

❹失敗によるダメージから、切りかえて、立ち直れるよう協力しているか。

❺できていることや、本人が得意なことで、自信がもてる機会《きかい》をつくっているか。

3
できていることを教えて、作業《さぎょう》は分担《ぶんたん》する

毎日、ミスをくりかえしているうちに、かいとさんは自信をなくしていたようです。なので、「インタビューがうまかったよ」とか、「下調べが、ちゃんとできていたね」とか、できていることをちゃんと伝えるようにしました。それから、インタビューはかいとさん、メモをとるのはけいたさんというように、作業を分担するようにしました。

人の話を聞くのは好きだし、インタビューをするのは得意《とくい》なんだ。「じょうずにできてた」って言われて、うれしかったな。

③ かいとさんの場合

大事《だいじ》なことが、あとまわし！

図工の時間。絵の具を使ったので、それぞれ道具《どうぐ》を洗って、お片付《かたづ》け。
だけど、かいとさんはパレットを洗うのに、すごく時間がかかっています。
あげくのはてに、水を出しすぎてしまうから、そこらじゅう水びたし。
なのに、パレットや筆はちっとも洗えてなくて、みんなあきれています……。

図工の時間が終わり、お片付けです！

今日は、秋の文化祭《ぶんかさい》で展示《てんじ》する「未来都市《みらいとし》」の絵に、絵の具で色をぬりました。絵をかくのが得意《とくい》なかいとさんは、大作《たいさく》を完成《かんせい》させて満足《まんぞく》そう。先生が「そろそろ片付けて」って声をかけたので、みんな片付けをはじめます。

洗い場で、パレットを洗いはじめたけど……

かいとさんも、パレットや筆をもって、洗い場へ。洗いはじめたのはいいのですが、パレットを指でゴシゴシこすっているだけで、なかなか洗い終わりません。

並んでいるみんなはイライラ……。チャイムが鳴って、並んでいたけいたさんが「遊んでないで、早くしろよ！」と声をかけます。

まわりの人が思うこと

かいとさんは、絵が得意なんだよ。未来都市の絵も、すごく、かっこよかった！

パレット洗うのが、そんなに大変《たいへん》かな。時間がかかりすぎてない？

遊んでいないで、洗ってよ！

かいとさんは、パレットの色を指でまぜることに夢中《むちゅう》になっていたようです。けいたさんに声をかけられたかいとさんは、あわてて、水道の蛇口《じゃぐち》をひねります。おもいっきり蛇口をひねったので、ジャーッといきおいよく水がはね、となりにいたみきさんにも、水がバシャッとかかってしまいました。

そこらじゅうが、水びたしだよ……

みきさんは、びしょびしょ。だけど、かいとさんは気にする様子《ようす》もなく「おおっ！ふんすいみたいじゃん。すげぇ！」とか叫《さけ》んでいます。

おまけに、こんどは洗い場に流れていく、色のついたきれいな水に興味《きょうみ》しんしん。

少しも洗えていないよ！

しかも、パレットには絵の具がこびりついていて、ほとんど洗えていません。筆にも水入れにも、絵の具がついたまんま。

「もっと、ちゃんと洗ったほうがいいよ」と、みきさんが注意をしたけど、かいとさんは、「えっ？　もう洗ったよ」ですって……。やらなきゃいけないことが、わかっていないのでしょうか。

「洗い場を使うときは、ほかの人に水がかからないように注意してね」って、何度《なんど》も言っているのに……。

わたしに水がかかったのも、水びたしになったのも、ぜんぜん気にしていないの。ひどくない？

3 かいとさんの場合

なんでこうなるの？

かいとさんは、どう思っているのかな？

ちゃんと洗っているつもり

ぼくは、ちゃんと洗っていたよ。

パレットの絵の具をおとしたし、水で流したし。なのに、けいたさんに「遊んでないで、早くしろよ!」って、おこられた……。

ぼくは、遊んでいるつもりなんて、ぜんぜんなかったんだよ。

だって、次々《つぎつぎ》おもしろいことがおきる

パレットをゴシゴシこすったら、絵の具の色がまざって、すごくきれいだった。

蛇口を強くひねったら、パレットにあたって水がはねて、それがふんすいみたいで、おもしろかった。色のついた水がまざりあいながら流れていく様子《ようす》にも、思わずみとれちゃったよ。次々おもしろいことがおきるけど、みんなは気にならないのかな？

パレットを指でまぜているから、遊んでいるだけで、洗う気がないんじゃないかと思ったんだ。

たしかに、色のついた水が流れていくのは、きれいだった。

でも、遊んでいるだけで、ちゃんと洗えていないと、次の図工のときに困っちゃうよ。

水入れや筆も
洗いましょう
パレットは
きちんと
洗って

どこまでやれば、終わりなの？

しっかりパレットは洗ったつもり。だけど、みきさんに「もっと、ちゃんと洗ったほうがいいよ」って言われちゃった。

どこがだめなの？　筆や水入れも洗ったほうがいいの？　先生はそんなふうに言ってなかったと思うけど。やり方を聞いていないし、いったいどこまでやれば終わりなのかが、わからないよ。

言われてみると、洗い方の手順《てじゅん》はちゃんと教えていなかったわ。

かいとさんには、こんな特徴《とくちょう》があります。

知っておきたい
注意欠如・多動症（ADHD）

できごとに、すぐ反応《はんのう》してしまう

かいとさんは、目の前でおもしろいできごとがおこると、すぐに反応してしまい、行動をストップすることができません。絵の具をまぜることや、ふんすいのように水が飛ぶ様子などに夢中になってしまいます。

やるべきことが、おろそかになる

次々におこるできごとに反応しているうちに、本当にやらなければならないことがおろそかになってしまいます。けれども、けっして、ふざけているわけではなく、本人は、ちゃんとやっているつもりなのです。

優先順位《ゆうせんじゅんい》がつけられない

「パレットを洗う」「筆を洗う」「水入れを洗う」など、いくつかの作業《さぎょう》がある場合《ばあい》、優先順位をつけて、だんどりよく進めることができません。

③ かいとさんの場合

こうすれば、うまくいきそう！

1 具体的《ぐたいてき》な手順を教える

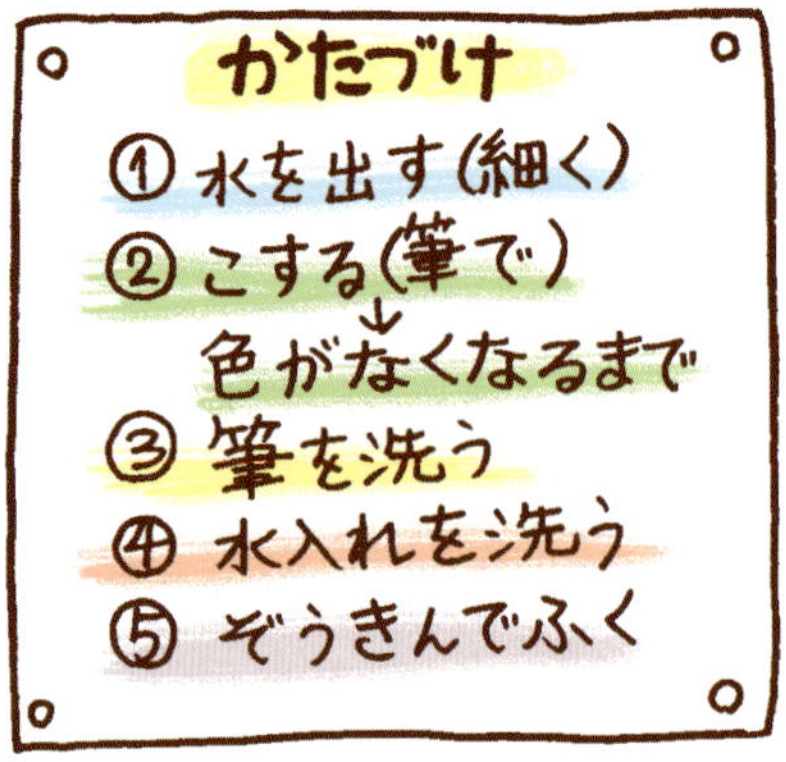
かたづけ
① 水を出す（細く）
② こする（筆で）
↓
色がなくなるまで
③ 筆を洗う
④ 水入れを洗う
⑤ ぞうきんでふく

絵の具の道具を片付けるとき、「洗う」という作業ひとつとっても、手順はいくつかに分かれています。優先順位をつけて作業を進めるのが苦手なかいとさんの場合、「きれいに洗って」という指示《しじ》だけでは、やることの手順を組み立てることができません。そこで、うまくいく手順を、箇条書《かじょうが》きにして教えました。

最初にパレットを洗って、それから筆と水入れを洗うんだね。やっと、わかったよ。

2 イメージできるように、実際《じっさい》にやりながら伝える

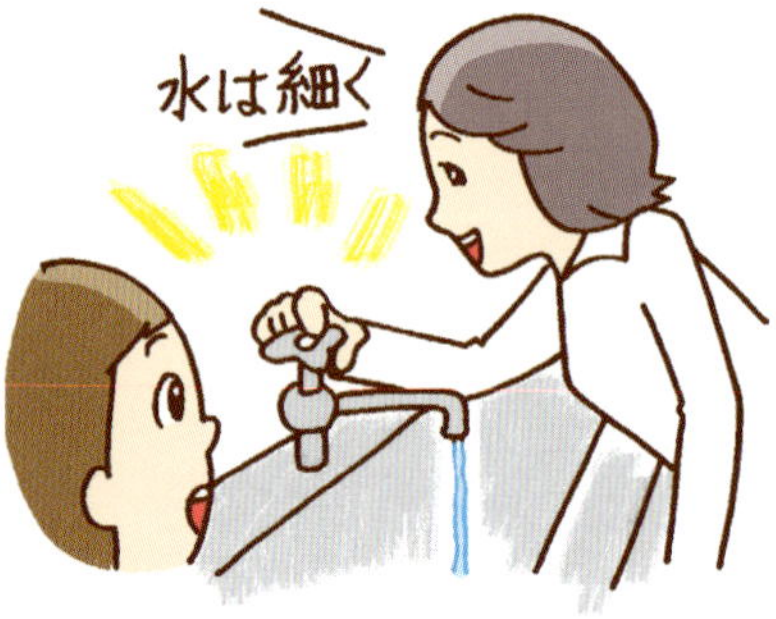
水は細く

やり方や力《ちから》のかげんが、イメージできるように教えました。水を出すのは「細く」、パレットを洗うときには筆で「小さくくるくる」、筆は「指でもみもみ」、水入れは「中も外も」など、実際にやってみながら、イメージを共有しました。もし、水は「細く」ということがわかりにくい場合は、蛇口《じゃぐち》の角度《かくど》や水流の太さを具体的に伝えるようにします。

洗うときには「水は細く出す」ってわかったから、これからは気をつけるね。

CHECK POINT

手順を考えて、やりとげられるように

興味がうつりやすく、やらなくてはならないことをおろそかにしてしまうタイプの子には、手順をしっかり伝えることで、作業をやりとげられるよう工夫《くふう》しましょう。

水はほそーくね
水に色がつかなくなったらおしまい。教室へね
はーい

❶手順を教えず、「きれいに洗う」「ちゃんと片付ける」など、あいまいな指示を出していないか。

❷手順は、箇条書きにして掲示《けいじ》したり、メモでわたしたりして、常に本人が確認《かくにん》できるようにしているか。

❸手順のイメージが共有できるよう、いっしょにやってみたり、わかりやすい言葉《ことば》で伝えているか。

❹どこまでやれば作業が終わりなのか、わかりやすい目安を伝えているか。

3
どこまでやれば終わりなのかを教える

中を3回
外を3回

作業をやりとげるためには、どこまでやれば終わりなのかを、知っておかないといけません。絵の具のついたパレットを洗うときには「水に色がつかなくなるまで」、洗ったものをぞうきんでふくときは、「中を3回。外を3回」など、ルールを決めました。

どこまでやれば終わりなのか、目安《めやす》がわかったから、片付けがやりやすくなったよ！

4
ゆかさんの場合

どうしても、じっとしていられない

5年生のゆかさんはクラスの人気者《にんきもの》。いろんなことを知っていて、話がとってもおもしろい。おしゃべりなのは悪いことじゃないけど、授業中《じゅぎょうちゅう》もおちつきがなくて私語《しご》が多いから、よく「しずかにしなさい！」「うるさい！」って、先生におこられている。朝礼《ちょうれい》の時間も、校長先生の話を、じっとして、聞いていることができないみたい……。

今日も、ゆかさんはパワー全開！

月に一度、体育館《たいいくかん》での全校朝礼の日。朝から、ゆかさんは、昨日《きのう》のドラマの話でもりあがっています。校長先生が「おはようございます！」ってあいさつしているのに、おしゃべりはとまらず、ずっとぺちゃくちゃ。

「しずかにしてよ！」って注意された

列をぬけ出して、大きな声で「ねぇねぇ。あけみちゃんは、昨日の刑事《けいじ》ドラゴンの犯人はだれだと思う?」って、となりのクラスの子にまで話しかけに行くから、知らない子から「しずかにしてよ！」って、注意されてしまいました。

まわりの人が思うこと

よくあんなに話すことがあるよねって思うくらい、ゆかちゃんは、ずっと話し続けてる。

ゆかちゃん。校長先生の話を聞こうよ！

注意されても、ゆかさんは、なかなかじっと話を聞いていることができません。しばらくは校長先生の話を聞いていたのですが、何か気になることがあるらしく、また列をぬけ出して、となりのクラスのあけみさんのところに行ってしまいます。

みんなちゃんと聞いてるのに、迷惑《めいわく》だよ

「ねぇ。そういえば、この間《あいだ》のシールは買ったの？」「かわいかったよね。私もほしいなぁ。いくらだった？」。まったく関係ない話を大声ではじめるから、あけみさんもちょっと困っています。「しーっ！」「しずかに！」。みんなが注意するけど、ゆかさんはどうして注意されているのか、わかっていないみたい。

なんで授業中にも、話しかけてくるの？

休み時間はいいとしても、授業中も、だいたいそんな感じなのです。とにかく、おちつきがなくて、いつもキョロキョロ、そわそわ。「ほら、みて。校庭にカラスがいるよ」とか「6年生の豊田せんぱい。かみがた変えたみたい」とか、なにか話題をみつけると、となりの席のこうきさんにいきなり話しかけてきます。

しかも、声が大きい。先生が注意しても、すぐにまた、「今日の給食、なんだったっけ？」などと話しかけています。迷惑してるの、わかってないのかなぁ。

校長先生が話しはじめてもおかまいなしで、となりのクラスまで行っちゃうんだよ。

ゆかちゃんと話すのは楽しいんだけど、校長先生が話してるときに、大きな声で話しかけてくるから、ちょっと困る……。

「しずかに」って、何度《なんど》も注意しているし、「うるさい！」って強くしかったこともあるんだけど、ぜんぜん効果がないんだよ。どうしたらいいんだろう。

4 ゆかさんの場合

なんでこうなるの？

ゆかさんは、どう思っているのかな？

話しちゃいけないって、わかってなかった

みんな楽しそうにしてくれていたから、わたしのおしゃべりが、だれかのじゃまになっているってことが、わかっていなかった！　夢中《むちゅう》になるとまわりが見えなくなるし、人の話が長いと集中力《しゅうちゅうりょく》がとぎれてしまうの。めんどうかもしれないけど、「今は、校長先生の話を聞こうよ」と教えてくれると助かる。

声が大きいって、気づいてなかった

自分《じぶん》の声が大きいことにも、気づいていなかったの。テンションがあがると、気づかないうちに、どんどん声が大きくなるらしい。わたしは、うるさくさわいでいるつもりは、なかったんだ。

ゆかちゃん。あのとき、校長先生の話がはじまったことに、気づいていなかったんだね。

「声が大きいよ」って、何度も同じことを言うのは悪いと思っていたけど、そのつど教えたほうがいいみたいだね。

ゆかさんには、こんな特徴《とくちょう》があります。

知っておきたい
注意欠如・多動症(ADHD)

まわりの状況《じょうきょう》が読めない

ゆかさんは、自分が話すことに夢中になっていると、校長先生の話がはじまっても気づくことができないようです。みんながちがうモードに入っているのに気づかず、声をかけないと自分で切りかえることができません。

また、「しずかに」「うるさい」などと言われても、なぜ注意されているのかがすぐには理解《りかい》できていない場合《ばあい》もあり、どうしたらいいのかもわからないので、困っています。

人の話に集中できない

授業中の教室や集会など、じっと人の話を聞いていなければならない場面《ばめん》が苦手です。あれこれ気が散ってしまい、集中していることができません。

思いつくと、いてもたってもいられない

集中していられないので、気になることや思いついたことがあると、いてもたってもいられなくなります。ついつい、動いたりしゃべったりしてしまいます。

じっとしていなさい!
しずかに!
!?

うるさい!
ガーン

「うるさい!」ってしかられるとショック

だれかのじゃまをしているつもりもないし、楽しく話しているつもりなので、いきなり「うるさい!」とか「しずかに!」っておこられると、ちょっと傷《きず》つく。もしかして、迷惑かけているのかなぁってうすうす気づいているんだけど、すぐに同じことをやっちゃうんだ。どうしたらいいのかなぁ。

何度もしかっているのに変わらないから、迷惑かけていることをわかっていないと思っていたけど、本人は傷ついていたんだ!

4 ゆかさんの場合

こうすれば、うまくいきそう！

1 そのたびに、状況を伝える

ゆかさんは、自分でおしゃべりをやめたり、行動を抑《おさ》えたりすることがむずかしいようです。なので、「校長先生の話がはじまったから、おしゃべりはおしまい」「列を動かないで」「授業中だから、口にチャック」など、一つひとつ伝えるようにしました。

話しだしたら自分では、なかなか切りかえられなかったから、教えてもらえて助かる。

2 声が大きいときにも、そのたびに教える

大きな声で話してしまうのも、けっしてわざとではありません。声が大きい場合は、「ボリューム下げて」とそのつど、教えます。できるだけゆかさんが自覚《じかく》できるよう、「今のボリュームは、ちょうどいいね」など、できているときにOKサインを出します。

「うるさい！」ってしかられるより、「ボリューム下げて」って言われるほうが、へこまなくてすむよね。

CHECK POINT

エネルギッシュなタイプを抑えつけることはできない

おしゃべりでエネルギッシュなADHDの子を、頭ごなしにしかるのはNG。効果がないだけでなく、「いつも自分だけしかられる」「先生にきらわれている」など、ネガティブな感情《かんじょう》につながることがあります。

❶しかる前に、本人が自分で行動を止めたり、切りかえられたりできるよう、状況を伝えているか。

❷必要な情報《じょうほう》をちゃんと伝えずに、「空気を読め！」という、ハードルの高い要求をしていないか。

❸行動を切りかえられたときは、本人が自覚できるよう、OKサインを出しているか。

❹エネルギーを発散《はっさん》できるよう、活動できる場《ば》や、表現できる機会をもうけているか。

3
おもいっきり活動できる場面をつくる

じっと人の話を聞いていることが苦手で、エネルギーをもてあましてしまう、そんなゆかさんのために、朝礼で発表《はっぴょう》してもらったり、放送当番をやってもらったり、活動できる機会《きかい》をふやしました。授業中も、ゆかさんが発言《はつげん》する場面をつくることで、少し授業に集中できるようになりました。

先生が、「ゆかさんは、どう思う？」って、ときどき聞いてくれるから、前より授業に集中できるようになったよ。

5
ゆかさんの場合

よけいなことを言ってしまう

ものしりで話題も豊富《ほうふ》なゆかさんなんだけど、ちょっと自己中心的《じこ》なところがある。この間《あいだ》も、人の話にわりこんできて、一人でずっと、ぺちゃくちゃしゃべってた。それに、いつもひとこと多くて、よけいなことも言っちゃうんだよね。おかげで、楽しいはずのおしゃべりが、びみょうな空気になっちゃったよ！

『まほうウサギぐるぐる』おもしろいよね！

ある日の休み時間のことでした。まりさんと仲良しグループの女の子たちが、好きなアニメの話でもりあがっていると、通りがかったゆかさんが、「あー。『まほうウサギぐるぐる』でしょ」と、いきなり話にわりこんできたのです。

ゆかちゃんは、すっごく、アニメにくわしいね

「あれのマンガをかいてる人は、『宇宙ガンガン』の原作者《げんさくしゃ》でもあるんだよね。だから、青ウサギはガンガンの子どもなの」と、アニメにもマンガにもくわしいゆかさんは、ぺらぺらとまめ知識《ちしき》をひろうします。みんなは感心《かんしん》して「へぇー」「そうなんだー」と聞いていました。

まわりの人が思うこと

ゆかちゃんって、アニメやマンガに本当にくわしいよね。

自分が気になる話だと、おかまいなくわりこんでくるよね。その自己主張《しゅちょう》の強さは、うらやましい。

ゆかちゃんばかり、しゃべっているよ

けれども、いきなり「わたしはどっちもマンガで原作を読んだけど、『ガンガン』にくらべると『ぐるぐる』なんかつまんないよ」とバッサリ。まりさんたちも、次第《しだい》にげんなり。だって、楽しく『まほうウサギぐるぐる』の話をしていたのです。

まさか、ネタばれしちゃうなんて……

ゆかさんはおかまいなしに、ベラベラ話し続けます。あげくのはてに、「『ぐるぐる』の最終回《さいしゅうかい》で、ガンガンは青ウサギのお父さんだったっていうオチがつくんだよね。だから『ガンガン』を読んでおいたほうがいいと思うの。どうせ、青ウサギは主人公《しゅじんこう》なのに死んじゃうしね」と、まさかのネタバレ。まりさんたちは、ぼうぜん……。

どうして、そんなこと言っちゃうの？

気をとりなおして、まりさんが「わたし、青ウサギの絵をかいたんだ」とランドセルから取り出したノートを、みんなに見せます。そしたら、ゆかさんがゲラゲラ大笑いして、「うわー。へたくそ!」ですって。「なに。これ。まったくウサギにみえないよ。かわいくないし」と言いたいほうだい。まりさんはかなしそうな顔をしているし、せっかくの楽しい休み時間が、なんだか、いやな空気になってしまいました。

『ガンガン』の話をされても、わからないよ。わたしたち読んでないし。

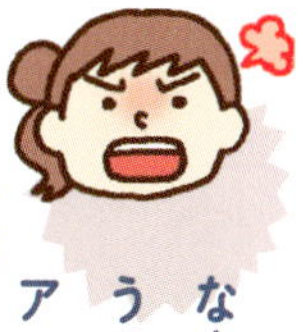

なんでネタバレしちゃうの。わたしたち毎週《まいしゅう》、アニメをみて、先の話を予想《よそう》するのを、楽しみにしていたのに!

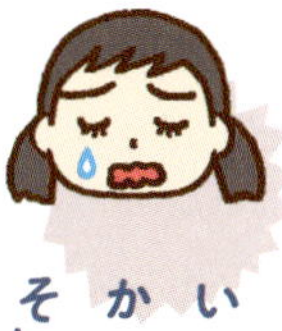

いっしょうけんめいにかいた絵を「へたくそ」って言われて、ショックだった。

⑤ ゆかさんの場合

なんでこうなるの?

ゆかさんは、どう思っているのかな?

つい思ったことを、言ってしまう

わたしが言ったことで、みんなを傷《きず》つけたり、いやな思いをさせたり、迷惑《めいわく》をかけているなら、ごめんなさい。

「うっかり」でも言ってはいけない言葉《ことば》とか、話題があることは、わかっているんだけど。

あとから考えると、わかる

自分が知っていること、わかっていること、思いついたことは、だまっていられない。近くでだれかが気になる話をしていると、すぐに入って話したくなる。あとから、「迷惑だよ」とか「あんなことは言っちゃだめ」とか、注意されて「また、やっちゃった!」と気がつくの。

どうして人を傷つけるようなことばかり言うのかなって、ふしぎだったけど、わざとじゃないんだね。

ゆかちゃんは自由気ままで、気にしていないのかと思ってた。あとから、「しまった!」って反省《はんせい》していたんだね。

ゆかさんには、こんな特徴《とくちょう》があります。

知っておきたい
注意欠如・多動症（ADHD）

考える前に、しゃべってしまう

ゆかさんは、ADHDの特性のひとつである「衝動性《しょうどうせい》」が強く、思いついたことや気になったことを、よく考えずに口に出してしまいます。人の話にわりこんだり、人を傷つけるようなことを言ってしまったりするのも、そのためです。

話しているうちに、止まらなくなる

次から次へと話したいことが頭の中に浮かび、話しはじめると止まらなくなってしまいます。いわば、アクセル全開《ぜんかい》でブレーキがきかない状態《じょうたい》なのです。

言ってはいけないことが、判断《はんだん》できない

場《ば》の空気を読んだり、人の気持ちを想像することがむずかしいゆかさんは、自閉スペクトラム症（ASD）の傾向《けいこう》があるようです。ASDとADHDをあわせもつ人は、めずらしくありません。アニメやマンガにくわしく、マニアックな知識をたくさんもっているのも、ASDの特性です。

ついつい、また、しゃべってしまう

人の話にわりこむのも、自分ばかり話し続けたりするのも、人を傷つけることを言ってしまうのも、「よくないよ」って、先生に注意された。わかっているつもりなんだけど、ついついしゃべってしまうの。「がまんしなきゃ」って思っているんだけど、長続きしなくて、どうしていいのかわからない。

注意されたときには、がまんしてるんだね。長続きさせるためには、どうしたらいいんだろう。

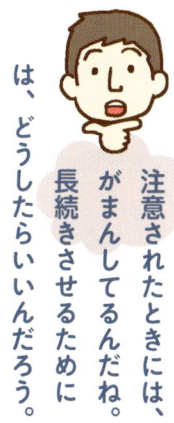

5 ゆかさんの場合

こうすれば、うまくいきそう！

1 話をするときのキーワードを教える

話に加わるときは「ちょっと、いいかな」「よけいなことかもしれないけど」、話題を変えるときは「話は変わるけど」などというキーワードを使うと、相手も応じやすいことを教えました。また、「わたしはこう思ったけど、○○ちゃんはどう思う？」など、人の意見《いけん》を聞いてみるとキャッチボールになりやすいのでグッドです。

すぐにはルールどおりにできないかもしれないけど、キーワードを使えるようになれるといいな。

2 みんなで「NGワード」のリストをつくる

この機会《きかい》に、どんなことを言われたら傷つくのか、みんなで話し合い、「NGワード」リストをつくりました。教室のかべにはっておくと、「ブブーッ」とみんなでダメだしし合えるので、便利《べんり》です。

言っちゃいけない言葉がわかったから、これからはできるだけ気をつけるようにするね。

CHECK POINT

わだかまりや、トラブルをへらしていくことが目標《もくひょう》

ブレーキがかからず思いついたことを、すぐに口にしてしまうタイプの子の場合《ばあい》、ともだちとのトラブルやいじめ、仲間はずれなどに発展《はってん》してしまうリスクがあります。特性そのものを変えることはできませんが、工夫《くふう》次第《しだい》で、ともだちとのトラブルなどは、へらしていくことが可能《かのう》です。

❶特性があっても、スムーズにコミュニケーションをとるためのヒントやキーワードを教えているか。

❷言ってはならないことや、気をつけたい行動について、本人が意識《いしき》できるようサポートしているか。

❸「なんで？」「また！」など、一方的《いっぽうてき》に責《せ》めたり、しかったりしていないか。

❹わだかまりをなくせるよう、仲直りの機会をつくったり、あやまったりできているか。

3
ＮＧはその場で伝え、わだかまりをなくす

あとになって「あのとき、傷ついた」「本当は、いやな気持ちだった」と言われると、ゆかさんはよけいにへこんでしまうようです。なので、できるだけその場で「今のはＮＧだよ！」と伝えることにしました。すぐにゆかさんが「ごめんね」とあやまれば、わだかまりもなくなります。

その場で「NG！」って教えてもらえると、「ごめん！」って、あやまれるよ。

6
ゆかさんの場合

がさつで、おおざっぱ

給食の時間。今日のおかずは、人気《にんき》ナンバーワンのシチューだよ。給食当番のゆかさんが、どんどんシチューをお皿にもっていきますが、入れ方がおおざっぱ！ それに、量《りょう》が多かったり少なかったり、なんだか不公平《ふこうへい》。もりつけが速いのはいいけど、もう少し、ていねいにやってよ！

リーダーのゆかさんは、てきぱきと仕切《しき》ります

今日の給食当番は、ゆかさん、まりさん、めぐみさんの三人。リーダーのゆかさんが、「めぐみちゃんは、パンの係《かかり》ね。まりさん、牛乳《ぎゅうにゅう》を配《くば》って。わたしがシチューを入れるから」と、てきぱき仕切ります。

作業《さぎょう》は、とても速いのだけど……

ところが、ゆかさん。作業は速いのですが、もりつけが信じられないくらい雑《ざつ》！ 具の量が多かったり少なかったり、どう見てもばらばら。クラスのみんなも気になって、その様子《ようす》をながめています。

まわりの人が思うこと

ゆかちゃんって、いつもテキパキしてて、頼りになるんだよね。

たくさん、こぼれてしまっているよ。もったいないよね。

がさつすぎて、もりつけが汚《きたな》い……

お玉をお皿に近づけないで、上のほうからドバッと入れちゃうので、シチューが飛《と》び散《ち》り、トレーの上はこぼれたシチューでどろどろのベタベタ。それをふこうともしないで、「はい！」とわたします。あまりにもりつけが汚くて、せっかくのシチューが、ちっともおいしそうに見えないのです。

見かねた先生が、「もっと、ていねいにもりつけようよ」と注意します。

このままだと、量が足りないよ！

それに、配分《はいぶん》を考えずにたくさんよそっていたので、まだ半分も配っていないのに、のこりの量が少なくなってきました。しかも、もう、ほとんど具がのこっていません。

となりでパン係をしていためぐみさんが心配《しんぱい》して、「それじゃあ、足りなくなるよ」と、アドバイス。ゆかさんは、急に、よそう量をへらしはじめます。

あまりのバランスの悪さに、不満《ふまん》が続出《ぞくしゅつ》

その結果、「野菜だらけで肉が入ってない！」「私のはにんじんだらけ」「汁だけで具がぜんぜんない」などなど、不満が続出。あわてて、めぐみさんやまりさんも手伝《てつだ》い、具を追加《ついか》したり、汁をへらしたり、鍋《なべ》にもどしたり……。てんやわんやで対応《たいおう》しますが、シチューがさめてしまいそう。楽しみにしていたみんなは、ガッカリです。

ゆかさん。速いのはいいんだけど、もう少していねいに入れようよ。

お皿からあふれていても、気にならないのかなぁ？　言われてやっと、気づくなんて……。

なんで、同じ量ぐらいずつ、盛りつけられないの？　バラバラすぎて、びっくり。

6 ゆかさんの場合

なんでこうなるの？

ゆかさんは、どう思っているのかな？

同じ量を配るのは、むずかしい

多いとか少ないとか言われても、同じ量を配ることはできない。だって、みんなはトレーをもって動いているんだもの。前の人に、どのくらい入れたのかわからなくなる。

みんなはどうして「足りなくなる」とか「あまりそう」とか想像できるの？

何がいけないのか、わからない

「もっと、ていねいに」とか「きれいに」とか言われても、どうしたらいいのかわからないよ。わたしは、ちゃんとやっているつもりだし、どういうところがだめなのか、具体的《ぐたいてき》に教えてほしいな。

ゆかさんには、同じ量を配るのがむずかしかったんだね。気づかなかったよ。

たしかに！ 給食当番って、意外《いがい》とむずかしいところがあるよね。

ゆかさんには、こんな特徴《とくちょう》があります。

知っておきたい
注意欠如・多動症(ADHD)

細かく注意をはらうことがむずかしい

細かく注意をはらうことがむずかしいゆかさんは、具と汁のバランスを考えたり、器《うつわ》を汚さないようにていねいによそったりすることができません。

そのため、行動がおおざっぱで、がさつに見えてしまいます。

集中力が続かない

とくに、単調《たんちょう》な同じ作業をくりかえすことが苦手なので、できるだけ早く終わらせたいという気持ちが強くなります。

イメージすることも苦手

ゆかさんはADHDだけでなく、自閉スペクトラム症（ASD）、さらに、少し学習障害（LD）の傾向《けいこう》があるのかもしれません。目でとらえて、量や空間《くうかん》をイメージすることが苦手なので、のこりの量をイメージしながら、同じ量をバランスよくよそうことができないのです。

とにかく、早く終わらせたい

みんなから「せっかち」「雑」とか言われるけど、どういうわけか「ゆっくり」「ていねいに」は、わたしにとってむずかしい。できるだけ早く、「ちゃっちゃと終わらせてしまいたい」という気持ちが、とても強いの。

わたしはみんなに文句を言われないように量を考えるけど、ゆかちゃんにはそれがむずかしかったんだね。

❻ ゆかさんの場合

こうすれば、うまくいきそう！

1 目安《めやす》をもてるようにする

ゆかさんには、量をイメージすることがむずかしいので、たとえばシチューを配るときには、「大きく2回まぜてから」「お玉に2杯《はい》ずつ」などと、最初《さいしょ》にルールを示すことにしました。

教えてもらったとおりにやったら、みんな同じぐらいの分量で入れることができたよ。

2 やってほしいことを具体的に伝える

「ていねいに」「きれいに」などという漠《ばく》然《ぜん》とした表現では、イメージしづらいので、「鍋とお玉と食器を近づける」「食器のへりにたれないように入れる」など、具体的にやってほしいことを伝えるようにしました。

なるほど！　「ていねいに」「きれいに」って、そういうことだったのね。

CHECK POINT

できるだけ具体的に指示《しじ》し、チェックするクセをつける

不注意の傾向が強く、作業がおおざっぱで雑な場合《ばあい》、やってほしいポイントは具体的に伝え、それがちゃんとできているか確認《かくにん》しながら、ていねいに仕事を終わらせるクセをつけていくことが大事《だいじ》です。

シチューのもりつけ
• 一人２杯ずつよそう
• こぼさないように

❶「何を」「どのように」「どこまで」やってほしいのか、本人に具体的なイメージが伝わるように、指示を出しているか。

❷「ていねいに」「きれいに」などの、わかりにくい表現で注意していないか。

❸作業がちゃんとできているか、確認するポイントを教えているか。

❹失敗したり、うまくいかなかった場合、本人が自分でカバーできる方法や、まわりが手伝える体制があるか。

3 作業をチェックするポイントを示す

- 汁と具がバランスよく入っているか
- 食器のへりにたれていないか
- トレーにこぼれていないか
- 足りなかったら具や汁を足す
- お皿やトレーが汚れていたら、ふきんでふく

「汁と具がバランスよく入っているか」「食器のへりにたれていないか」「トレーにこぼれていないか」など、チェックするポイントを示しました。そして、「足りなかったら具や汁を足す」、「お皿やトレーが汚れていたら、ふきんを使ってふく」など、フォローの方法も教えました。

量が少なかったり、トレーにこぼしたり、失《しっ》敗《ぱい》してもカバーすればいいんだね！　安心《あんしん》した。

7
じゅんさんの場合

とにかく走る、そしてぶつかる

4年生のじゅんさんは、おちつきがないみたい。なぜかわからないけど、いつも走ってる。しかも、すぐには止まれないから、人にぶつかることが多い。ふつうにしていてもあちこちぶつかるのに、動きもムダにオーバーなんだ。今日も、みゆきさんにランドセルをぶつけてた。あぶないし、迷惑《めいわく》だよ!

まわりの人が思うこと

じゅんさんって、なんで、いつも走ってるのかな? 力がありあまってるの?

何度《なんど》も「走るな!」と注意しているけど、まったく聞く耳をもってくれないんだよな。

なんで、いつも走っているの?

じゅんさんは、ともだちや楽しいことを見つけると、すぐに走るし、とにかく片時《かたとき》もじっとしていられません。

毎朝のように走って登校してくるし、廊下《ろうか》も走ってしまうので、いつも先生に「走るな!」って怒鳴《どな》られています。

動きがオーバーで、迷惑だよ

それに、ただでさえも体が大きいのに、いちいち動きがオーバーなのです。

「起立《きりつ》!」で立つときも、なぜか派手《はで》に足をあげたり、腕《うで》をぶんぶんふったりするので、となりの席《せき》のみゆきさんは、迷惑そう。

座っていても、おちつきがない！

授業中《じゅぎょうちゅう》、座っているときも、じゅんさんはおちつきがなくて、体をゆすったり、つくえをガタガタ鳴らしたり、少しもじっとしていられないのです。みゆきさんが「やめて！」って注意すると、「うるせぇ！」ってこわい顔でにらみつけてきます。

ランドセルをふりまわさないで！

帰りの会の時間も、先生が「さぁ。帰りのしたくをして！」と声をかけたとたん、教室のロッカーまでダッシュ！　そんなに急ぐ必要はまったくないのに……。

おまけに、せまいつくえとつくえの間《あいだ》を通らなければならないので、あちこちぶつかっています。にもかかわらず、ランドセルをぶんぶんふりまわしながら、自分の席にもどってくるのだから、あぶなっかしくてたまりません。

みゆきちゃん、泣いちゃったよ……

先生が、「じゅーん。気をつけろ」と注意した矢先《やさき》のこと。ランドセルをつくえの上に置こうとして、思いっきりふりまわしたものだから、みゆきさんにぶつかってしまいました。みゆきさんは、痛さとショックで泣きべそをかいています。

「ランドセルをぶつけたー」「あぶないって言ったのに！」「みゆきちゃんがかわいそう」と、みんなからひなんごうごう。さすがのじゅんさんも、しゅんとしています。

じゅんさんがうるさくて、授業に集中《しゅうちゅう》できないよ。

せまいところを通るんだから、もう少しみんなにも気をつかってほしいよね。

見ていてあぶなっかしいし、迷惑だし、トラブルの種になっているよ。なんとかしなくちゃね。

7 じゅんさんの場合

なんでこうなるの？

じゅんさんは、どう思っているのかな？

じっとしているのは、むずかしい

目的《もくてき》のものが見つかると、考える前に走り出してしまう。せっかちなのかな？　ブレーキをかけたり、スピードを落としたり、そんなことはできないんだ。

つくえに座っているときも、どうしてもじっとしていられない。なんだかそわそわしておちつかなくて、つい、動いてしまうんだ。

体がどう動いているのか、わからない

だけど、自分の体がどう動いているのか、よくわからない。派手に足をあげてるとか、体をゆらしているとか、ランドセルをふりまわしているとか、まわりから言われて、「そうだったのか！」って、はじめて気がつくんだ。自分でも意識《いしき》してやってるわけじゃないんだよ。

そういえば、うれしくて、つい走りだしちゃうことってあるよね。

じゅんさんは、それが「いつも」なんだ。

じゅんさんの話を聞いて、ランドセルをぶつけたのは、わざとじゃなかったんだってわかったよ。

じゅんさんには、こんな特徴《とくちょう》があります。

知っておきたい
注意欠如･多動症(ADHD)

じっとしていられない

じゅんさんは典型的《てんけいてき》な多動です。いつもおちつきがなく、じっとしていることができません。このタイプの子は、低学年では、席をはなれてうろうろしてしまったり、教室を出て行ってしまうこともあります。けれども、成長とともにおちついていき、大人になるとあまり目立たない程度におさまることが多いといわれています。

結果を考えないで、動いてしまう

多動＋衝動性《しょうどうせい》も強いため、何かを見つけるとすぐに走りだす、高いところから飛び降りるなど、その場のできごとにすぐに反応してしまいます。その行動で何がおきるか考えたり、行動にブレーキをかけたりすることが苦手なので、あぶないことをやって、まわりをハラハラさせる場合《ばあい》もあります。

体のコントロールができない

自分の体がどんなふうに動いているのかに注意をむけ、コントロールする働《はたら》きが弱いようです。ですから、無意識のうちにオーバーな動作をしてしまうこともあります。一方で、授業中に手足をそわそわ動かしたり、もじもじする子の場合、体を動かし脳《のう》に刺激《しげき》を送ることで集中力をたもっている場合もあります。

動きのコントロールができない

そんな感じだから、自分で動きをコントロールするのがむずかしい。「やめて!」って注意されると、そのときはストップできる。でもまたすぐに、同じことをしてしまうみたい。「また!」とか「さっき注意したのに」と言われるけど、本当にわざとじゃないんだよ。

たしかに、自分の体がどう動いているのかがわからないのなら、コントロールすることもできないね。

7 じゅんさんの場合

こうすれば、うまくいきそう！

1 動いてもいい場面《ばめん》をつくる

じゅんさんは、長い間すわっていると、エネルギーがあまってしまい、じっとしていられないようです。少し体を動かすとおちつくようなので、プリントを集める係《かかり》をたのんだり、道具《どうぐ》を配《くば》ってもらったり、授業中に動いてもいい時間をつくるようにしました。

「たいくつだなぁ」ってソワソワしはじめたタイミングで、お手伝《てつだ》いができたから、そのあとの授業にも集中できた！

2 動く前に言葉《ことば》をかける

じゅんさんが動きはじめてから、ストップするのはむずかしいので、できるだけ動く前に声をかけることにしました。また、たんに「あぶない！」「おちついて！」では、どうしていいのかわからないようなので、「つくえとつくえの間を歩くときには、体を細く」、「ランドセルをつくえの上にのせるときには、音を小さく」など、具体的《ぐたいてき》に伝えます。

「体を細く」をおぼえたら、つくえや人とぶつかることが、少なくなってきたかも。

CHECK POINT

多動や衝動性を、長所に変えていくために

多動＋衝動性が強いタイプの子は、トラブルメーカーとしてみられがちですが、長い目でみれば、その行動力や発想力《はっそうりょく》をいかして、才能《さいのう》を開花《かいか》させることができるかもしれません。うまく自分をコントロールすることができるように、手助けしていきましょう。

❶エネルギーをもてあますことがないように、活動できる場面をつくっているか。

❷動きはじめてから制止《せいし》するのではなく、動く前に、「どうやってほしいのか」イメージを具体的に伝えているか。

❸どんな動きがNGで、どんな動きがOKなのか、実際にやって見せるなど、本人にわかるようなお手本を示せているか。

❹本人が自分をコントロールできたときに、プラスのフィードバックをしているか。

3
意識できるよう、動作や動き方を実演《じつえん》する

自分がどう動いているのかがわからないようなので、オーバーな動きやむだな動きをしたときに、「今、あぶない動きだったよ」と伝え、その動作をまねして見せてみました。そのあとに「こうするほうがいいよ」と、お手本になる動き方も実演します。じゅんさんが自分の動きを調整できたときには、「今のでＯＫ」と、教えました。

お手本をみて、自分が人とちがう動きをしていたことに、やっと気がつけたよ。

8
じゅんさんの場合

すぐにカッとなってしまう

いつもみんなを笑わせてくれる、楽しいじゅんさんなんだけど、ちょっとキレやすい。昨日《きのう》もそうじの時間、ずっと、ふざけて遊んでばかりいるから、あゆみさんが、「まじめにやってよ」って注意しただけで、「うるさい！」って逆ギレ。ほうきをふりまわすし、バケツもたおしちゃうし、教室が水びたしだよー！

じゅんさんは、ちょっとこわい……

体も大きく、どんなときだって元気いっぱいのじゅんさん。いつもは楽しいキャラなのですが、短気なところがあり、一日に一度はキレてしまいます。きっかけは、ちょっとしたこと。

注意をしたら、逆ギレ！

この間《あいだ》は、となりの席《せき》のみゆきさんの消しゴムをだまって使ってしまい、みゆきさんが「わたしの消しゴムとらないで」って注意したら、「うるさい。チビ！」と、みゆきさんをつきとばしてしまいました。どう考えても、みゆきさんは悪くないのに、じゅんさんはプンプンおこっています。

まわりの人が思うこと

人のものを勝手に使っておいて、注意するとおこったり、あばれたりするんだよ。ひどくない？

いつもおもしろいじゅんさんなのに、おこると「チビ」とか「デブ」とか、人のいやがることを言うことが多いよね。

そうじの時間も大変《たいへん》なことに……

昨日のそうじの時間も、じゅんさんが大暴れ。

じゅんさんが、いいかげんにほうきを動かしながら、ぺちゃくちゃおしゃべりしているのを見かねて、班長《はんちょう》のあゆみさんが「遊んでいないで、まじめにやってよ」と、注意したのです。

すぐにおこるし、あばれるし、手がつけられない

そしたら、じゅんさん。「なんだとー。このメガネ！」と、ほうきをふりまわし、あゆみさんにキック！　とっさに逃げたあゆみさんは無事だったのですが、ほうきが水の入ったバケツにあたって、教室は水びたしになってしまいました。

どう考えてもじゅんさんが悪いのに、「おまえのせいだぞ！」と、またしても、あゆみさんに逆ギレ。あまりのけんまくに、あゆみさんは泣きだしてしまうし、みんなはぼうぜんとしています。

どうして、乱暴《らんぼう》してしまうの？

さわぎを聞きつけた先生が、「何があったんだ？」と、やってきました。状況《じょうきょう》を知った先生が、「じゅん、乱暴はいけないよ」って注意したら、「うるせー、オッサン！」と叫んで、じゅんさんは教室を出て行ってしまいました。

わたしは、じゅんさんがほうきを動かしているだけで、ちゃんとはいていなかったから、注意したんだよ。

体の大きいじゅんさんに、怒鳴《どな》られるとこわいよね。あゆみちゃんがかわいそう！

ふだんは、やさしい子なんだけど、おこると手がつけられなくなるんだ。困ったな。

⑧ じゅんさんの場合

なんでこうなるの？

じゅんさんは、どう思っているのかな？

悪気《わるぎ》はないけど、忘れてしまう

使いたいものがあると、人のものでも使うことがある。盗《ぬす》む気なんてないけど、返すことを忘れてしまったんだ。悪気はないから、「とった！」って言われると、悔《くや》しいよ。

本当は「ありがとう」「ごめんなさい」って、言えるといいんだけど。

やっているつもりなのに、注意される

いっしょうけんめいやっているのに、「まじめにやれ」とか「ふざけないで」とか、言われることがある。そうじだって、ぼくはちゃんとやっていたつもりなのに、注意されて、腹が立った。なぜだかわからないけど、いつもぼくだけおこられるんだよ。

そうだったんだ。じゅんさんのこと、誤解してたかも。

そう言われてみると、じゅんさんばかり、よくしかられているよね。行動が目立つのかな。

じゅんさんには、こんな特徴《とくちょう》があります。

知っておきたい
注意欠如・多動症（ADHD）

衝動性《しょうどうせい》が強く、カッとしてしまう

じゅんさんのように衝動性が強いタイプの子は、すぐに手が出たり、危険なことをやってしまったり、順番《じゅんばん》を待つことができなかったり、まわりをハラハラさせる行動が目立ちます。けれども、成長するにつれ、おちついて行動できるようになっていきます。

怒りのコントロールがむずかしい

とくに感情《かんじょう》のコントロールがむずかしく、短気で、すぐに暴力をふるってしまったり、ものをこわしたりしてしまう人もいます。興奮《こうふん》しているときには、自分を抑《おさ》えることができないのですが、あとから後悔したり、反省《はんせい》したりしているのです。

しかられることで、自信《じしん》をなくしやすい

冒険心も豊《ゆた》かで活動的なのですが、行動が目立つため、まわりからしかられたり注意されたりすることが多く、「自分ばかりおこられる」「先生からきらわれている」などと思いこみ、自信をなくしています。

考える前に、手が出てしまう

注意されたり、いやなことを言われたりしたときに、どうしたらいいのかわからなくなって、考える前に手が出ちゃうんだ。つくえをひっくりかえしたり、壁《かべ》をけったり、何かに怒《いか》りをぶつけると、少しスカッとするのかも。あとになって、気持ちがおちついてから、「また、やってしまった」って思うんだけど、そのときは止められない。

自分でも気持ちをコントロールできなくなって、あとになって後悔《こうかい》してたんだね。

8 じゅんさんの場合

こうすれば、うまくいきそう！

1 みんなで協力《きょうりょく》できるよう、ルールを確認《かくにん》する

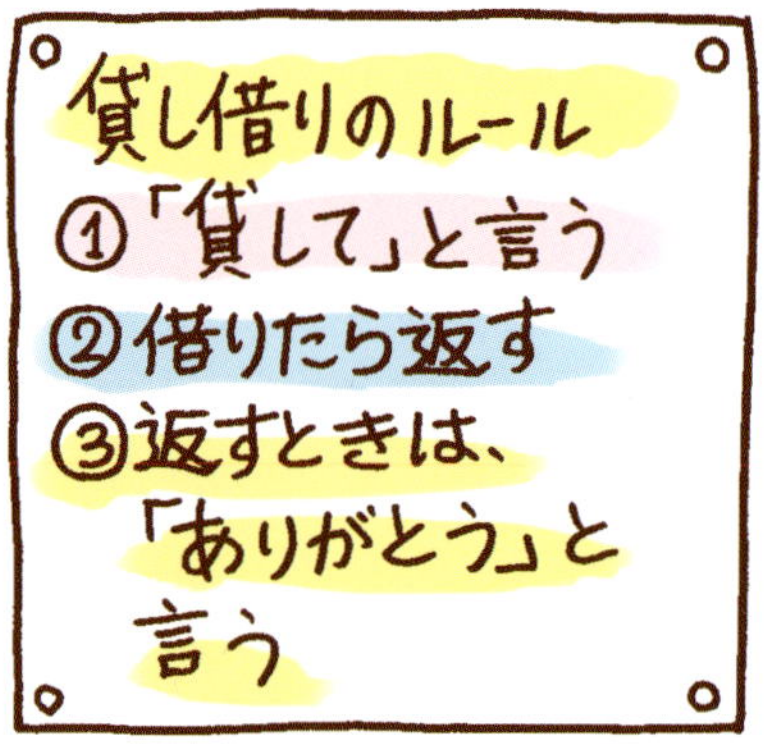

貸し借りのルール
①「貸して」と言う
②借りたら返す
③返すときは、「ありがとう」と言う

悪気がないのに人を不快《ふかい》にさせないよう、人のものを借りるときには「貸して」と言う、借りたら返す、そうじでは「ほうきを使うときは、ゴミを集めながらはく」など、ルールを確認し、伝えました。

ルールがわかったから、「貸して」「ありがとう」って言えるようになったよ。

2 おだやかな伝え方を心がける

じゅんさんは、強い口調や、いやな言い方をされると、カッとなってしまうようです。クラスのみんなにそのことをわかってもらい、じゅんさんに話すときには、できるだけ、おだやかな伝え方をするようにしてもらいました。とくに、興奮しているときには、注意したり、おこったりせず、まわりがおちついて、先生をよぶように教えました。

みんなとおだやかに話せるようになったから、けんかが少なくなったんじゃないかな。

CHECK POINT

少しずつ、おちついて行動できるように

衝動性が強く、怒りのコントロールがむずかしいタイプの子も、まわりがうまく対応《たいおう》していくことで、少しずつおちついて、行動できるようになっていくはずです。頭ごなしにしかるのだけは、さけましょう。

❶どうすればうまくいくのか、そのためにはどんなルールをつくればいいのかを考え、方法を共有できているか。

❷本人が興奮しているときに、まわりがおちついて対応できているか。

❸頭ごなしにしかる、一方の言い分だけ聞いてジャッジするなど、火に油をそそぐようなことをしていないか。

❹おちついているときに、行動をふりかえり、次の機会《きかい》にいかせるフィードバックをおこなえているか。

3
おちついて、ふりかえるようにする

じゅんさんの気持ちがおちついているときに、「どうしてこうなったのか」「どうすればよかったのか」「今度《こんど》、同じことがあったらどうするのか」について話し合いました。そして、「あやまる」「片付《かたづ》ける」など、自分がやったことの責任をとり、みゆきさんやあゆみさんと仲直りをしました

モヤモヤしていたから、
仲直りができてよかった。
同じ失敗《しっぱい》はしないよ！

9
じゅんさんの場合

テンションがあがると、がまんできない

行動力バツグンのじゅんさんだけど、あと先考えずに行動しちゃうから、失敗《しっぱい》も多い。この間《あいだ》は、校外学習で博物館《はくぶつかん》に行ったんだけど、興奮《こうふん》して大暴走！　列に並ばずわりこんじゃうし、立《た》ち入《い》り禁止《きんし》のところに入っちゃうし……。自由すぎて、先生も困っているよ。

博物館にミイラを見に行くよ

みんなが楽しみにしている校外学習。今回は、古代史《こだいし》博物館に見学に行くことになりました。博物館が大好きだというじゅんさんは、「展示《てんじ》してあるミイラは、エジプトのものなんだって！」と事前《じぜん》学習もばっちり。朝からはりきっています。

じゅんさん、待って！　どこに行くの？

先生によるオリエンテーションが終わり、グループに分かれて、博物館をめぐります。じゅんさんのグループは、まずはエジプト館を中心に見学する予定《よてい》になっていたのですが、先生の話が終わるやいなや、じゅんさんは一人で走りだしてしまいました。

まわりの人が思うこと

じゅんさんがテンションあがっているときは、かならず何かがおきるのよね。

じゅんさんって、楽しいことを思いつく天才！　発想《はっそう》がユニークで、アイデアもいっぱいなんだけど、ときどき暴走する。

じゅんさん、列に並ぼうよ……

あわてていっしょのグループのとみかさんたちが追いかけます。けれども、みんなのことはおかまいなく猛《もう》ダッシュ！　たどりついたのは、特別《とくべつ》展示室のミイラのコーナー。順番《じゅんばん》待ちの長い列ができていたのですが、じゅんさんは人込《ひとご》みをかきわけぐいぐいわりこみ、ミイラのウィンドウにかぶりつきです。見ていたみんなは、ハラハラ。

立ち入り禁止の看板《かんばん》も、ムシ?!

「じゅん。並ぼうよ！」「わりこんじゃダメだよ！」、みんなの声かけで、まわりの冷たい視線《しせん》に気がついたじゅんさんは、「ごめんごめん」と、ウィンドウからはなれてくれました。ホッとしたのもつかのま、今度《こんど》は、「立ち入り禁止」と書いてある看板をムシして、お墓《はか》を再現《さいげん》したブースに入っていきます。「さわらないでください」と書いてある展示物をさわったり、とびらをあけて中をのぞいたり、やりたいほうだい。かけつけた学芸員《がくげいいん》さんに、「立ち入り禁止です！」と注意されてしまいました。

あげくのはてに、「つまんなかった」だって……

自由すぎるじゅんさんに、グループの子たちも先生も、どっとつかれてしまったのですが、本人はまったく気にしていない様子《ようす》。展示にあきてしまったらしく、大きな声で「思ったより、つまんなかったね」って。みんなはギョッとしてしまいました。

あんなにたくさん並んでいるのに、ぐいぐい横入りしちゃうんだ。だいたんすぎる！

「立ち入り禁止」「さわらないでください」って書いてあっても、おかまいなしだから、見ていてハラハラしちゃったよ。

何をしでかすかわからないから、じゅんさんから目がはなせない。引率《いんそつ》も大変《たいへん》なんだよね。

9
じゅんさんの場合

なんでこうなるの？

じゅんさんは、どう思っているのかな？

わかってるけど、がまんできない

「わりこみはいけない」ってわかっている。でも、どうしても見たいものや、さわりたいものがあると、がまんできなくて、気づいたら、もうやっちゃっているんだ。

ぼくがやってしまったことで、みんなに迷惑《めいわく》をかけていたら本当にごめんなさい。

待てるおまじないって、あるかなぁ

あとになって、失敗したことに気づく。「もう少し考えればよかった」「人に迷惑かけちゃったかも」「言わなきゃよかった」って後悔《こうかい》するんだけど、なぜだか、そのときは止められない。「ああ。まただ……」「とほほ」って感じ。

じゅんさんは、やりたいほうだいしているのかと思っていたけど、あとから反省《はんせい》していたんだね。

ぼくもときどき、あわてて失敗することがあるけど、じゅんさんは毎日のように、何かやらかしちゃってるからね……。

じゅんさんには、こんな特徴《とくちょう》があります。

知っておきたい
注意欠如・多動症（ADHD）

まわりのものが目に入らない

じゅんさんは「見たい」と思ったら、人が並んでいても目に入らず、一直線に見に行ってしまうようです。同じように「さわりたい」と思ったら、「立ち入り禁止」の看板や「さわらないで」のプレートも目に入りません。

夢中《むちゅう》になるとブレーキがきかなくなる

とくにテンションがあがってしまったり、好きなものに夢中になったりしてしまうと、ブレーキがききにくくなるため、校外学習、運動会、学芸会などの行事《ぎょうじ》で失敗してしまうことが多いようです。

あとから反省している

けれどもけっして、人の迷惑をかえりみず、やりたいほうだい、自由にふるまっているわけではないのです。あとから、自分の失敗に気づいて、反省したり、落ちこんだりしています。あやまるタイミングをうしなって、もんもんとしていることもあるのです。

しかられてばかりだと、へこむ

「なんで、そんなことするの?」とか、「どうして、まわりがギョッとするようなことをやっちゃうの?」とか、聞かれても答えられない。理由《りゆう》なんて、わからないよ。
どうしてブレーキがかけられないのか、ぼくのほうが知りたいくらい。

たしかにびっくりすることも多いけど、じゅんさんの行動力は、すごいなって思うよ。

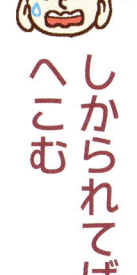

9 じゅんさんの場合

こうすれば、うまくいきそう！

1 気づけるように工夫《くふう》する

ミイラは列に並んで見るんだよ
ミイラ展示

やりたいことがあると、まわりが見えなくなるじゅんさんのために、「ミイラは大人気《だいにんき》だから、列に並んで見るんだよ」など、できるだけ事前《じぜん》に教えておくことにしました。その場でも、「ダメ」としかるだけでなく、「ほら。みんな待っているでしょう」と、じゅんさんが気づけるように伝えます。

「ミイラを見るときは並ぶ」って、前もってわかっていたから、がまんして順番を待つことができたんだ。

2 待つための工夫をする

ほら、この列に並んで
この線の上ね

じゅんさんが見通しをもって待てるように、「あと十分くらい並ぼうね」など声をかけ、「この線の上に立って、待とうね」と、わかりやすく伝えました。また、じゅんさんといっしょに動いてくれる子を決め、ペアで行動してもらうことにしました。

早く見たくって、イライラしてたけど、先生が「あと10分」って教えてくれたから、がんばれた！

CHECK POINT

がまんできないタイプには、ダメ出しよりOKサインが大事《だいじ》

行動を抑《おさ》えるのがむずかしいタイプの子にダメ出しばかりしていても、がまんできるようにはなりません。少しずつ、自分の行動を抑えられるようになるためには、「少しがまんしたら、うまくいった」という経験《けいけん》をつんでいくことが大切《たいせつ》です。

あと5分くらいだよ
うずうず
あと少し!!

❶「ダメ」「やらないで」「さわらないで」など、ダメ出しばかりになっていないか。

❷「がまんしたら、うまくできた」という機《き》会《かい》をつくっているか。

❸うまくいったときや、ブレーキをかけられたときに、「できたね！」「待てたね！」と、伝えているか。

❹本人ががまんできるよう、前もって情報提《じょうほうてい》供《きょう》したり、「あと○分くらいだよ」などの声かけをしているか。

3
うまくいったときに、ＯＫサインを出す

並べたね!!
Good!!

ともすれば「わりこんじゃダメ！」「入っちゃダメ！」「さわっちゃダメ！」と、ダメ出しばかりをすることになってしまうので、できるだけうまくいったときに「がまんできたね」「並べたね」など、ＯＫサインを出すことを心がけました。

先生から、「がまんできたね！」って、OKサインがもらえてうれしかったよ。

10 むつみさんの場合

ぼうっとしていることが多い

6年生のむつみさんは、ちょっとふしぎな子。おっとり、のんびりしているのはいいんだけど、なぜか、いつも、ぼうっとしている。授業中《じゅぎょうちゅう》も何か、もの思いにふけっていたり、先生の質問《しつもん》に答えられなかったり、大切《たいせつ》な係《かかり》の仕事を忘れちゃったり。やる気がないのかなぁ。まじめにやろうよ!

ちゃんと授業を聞いているのかな?

5時間目は理科の授業。担任《たんにん》のともえ先生が、葉っぱの観察《かんさつ》について説明《せつめい》しています。だけど、むつみさんは、最近《さいきん》クラスにやってきたハムスターが気になるみたい。先生が話しているのに、ずっとニコニコしながら、ハムスターを見ています。

先生の質問に、あたふた……

先生が「むつみさん。この葉っぱのスジはなんと言いますか?」と質問したのですが、ちゃんと先生の話を聞いていなかったむつみさんは、答えることができません。となりの席《せき》のわかなさんが、小さな声で「葉脈《ようみゃく》だよ!」と教えます。

まわりの人が思うこと

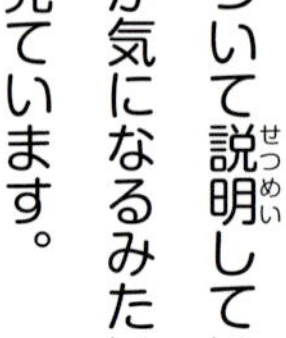

むつみちゃん、ハムスターがグルグルまわるのを見ているのが、大好きみたい。

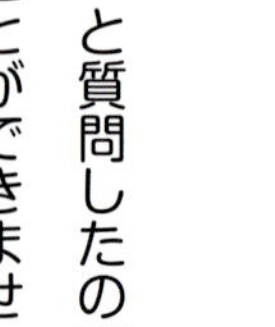

ハムスターを見ているときは、もしかしてわたしの話が聞こえていないのかしら。

むつみちゃん。葉っぱをかくんだよ

「それでは教科書《きょうかしょ》の写真をみながら葉脈をかいて」。先生が指示《しじ》すると、みんなはいっせいにかきはじめます。けれどもむつみさんは、なかなかかこうとはせず、ぼんやりしています。わかなさんから「早くかいたほうがいいよ」と声をかけられ、やっとかきはじめたのですが、集中力《しゅうちゅうりょく》が続かないみたい。たびたび手が止まっています。

結局《けっきょく》かけないまま、おしまい

先生が、「みんなかけたかな？」と声をかけると、みんなはいっせいに「はーい！」と元気に返事をしますが、むつみさんはうわのそら。先生が、「じゃあ、花壇《かだん》を観察しに行きましょうね」と声をかけ、絵をかく時間は終了してしまいました。

花壇のダリアが枯れているよ！

花壇に観察に行ったところ、事件《じけん》が発覚《はっかく》しました。なんと、大事《だいじ》に育てていたダリアが枯れていたのです。この間《あいだ》まで水やり係だったれんさんが、「先週まで咲いてたよ。今週の係はだれ？」と聞きます。みんながいっせいに、むつみさんに注目！

そう……。今週の水やり係は、むつみさんでした。どうやら毎朝、花壇に水をやるのを忘れていたようです。むつみさんは真っ赤になって、「ごめんなさい……」と、しどろもどろ。みんなは、「むせきにんだよ」「まじめにやってよ」とおこっています。

授業中も、ときどき、心ここにあらずっていう感じなのよね。

「早くかいたほうがいいよ」って声をかけると、かきはじめるんだけど、またハムスターが気になるのかな？

むつみさんは、ハムスターにエサをやるのを忘れたこともあったよね。いつもこんな感じだと、仕事をまかせられないよ。

⑩ むつみさんの場合

なんでこうなるの？

むつみさんは、どう思っているのかな？

頭の中は空想でいっぱい

おっとりしているとか、おとなしいって言われるけれど、わたしの頭の中は、いつもいろんな空想がごちゃごちゃしていて、すごくにぎやか。たくさんのことを考えているんだよ。「ハムスターにはきょうだいがいたのかな」とか、「前世《ぜんせい》はなんだったのかな」とか考え出すと止まらなくなる。

やる気スイッチが入らない

いつも半分は空想の世界にいるみたい。現実の世界では、すぐに「やる気スイッチ」が入らないの。先生の話も聞こえていなくて、「あっ」ってわれに返ることがある。指示されてもどこから手をつけたらいいのかわからなくて、なかなかはじめられなかったり、同じことを続けられなかったりする。

むつみちゃんは、想像力が豊《ゆた》かだものね。ハムスターの前世を考えるなんて、むつみちゃんらしい。

ぼんやりした子だなぁと思っていたけど、授業中でも空想を止めることができないのね。

むつみさんには、こんな特徴《とくちょう》があります。

知っておきたい
注意欠如・多動症（ADHD）

ぼんやりしてるけど、想像力は豊か

むつみさんはADHDの中でも、とくに不注意が目立つタイプのようです。ぼうっとしていて失敗《しっぱい》が多いのですが、想像力が豊かで空想の世界に入りこみ物語《ものがたり》をつくるのが得意《とくい》です。

集中力が続かない

気が散ってしまい、授業に集中できなかったり、先生の話を聞いていなかったり、時間内に作業《さぎょう》を終わらせることができなかったり、学校でもさまざまな場面《ばめん》で苦労しています。

さぼっているつもりはない

ついつい集中できずに、別のことを考えたり、ハムスターにみとれたりしてしまうのですが、ふまじめなわけでも、さぼっているつもりもありません。本人は、自分なりにいっしょうけんめいで、まじめに取り組んでいるのです。

なまけているつもりはないの

「なまけている」「ふまじめ」「ぐず」「のろま」とか言われると、かなしい。がんばる気持ちはあるし、がんばっているつもりなの。先生の話をしっかり聞いて、てきぱき行動できて、係の仕事もきちんとできて、いつも、しゃっきりできたらいいなぁ。

おっとりしているのは、むつみさんの長所でもあるよね。

⑩ むつみさんの場合

こうすれば、うまくいきそう！

1 集中しやすい席を考える

見えない席へ

窓の近くや、ハムスターのとなりだと、むつみさんはついついよそみをしてしまったり、よそみがきっかけで空想にふけったりしてしまうようです。本人と相談して、できるだけ集中しやすくて、先生の話を聞きとりやすい席に移動《いどう》しました。

ハムスターがグルグルまわりはじめると、気になって、べんきょうに集中できなかった。ハムスターには休み時間に会いにいくね。

2 やることと、時間をはっきり伝える

①作業時間20分
②葉っぱをかく
色をぬる
葉脈をかく

むつみさんは終わる時間や手順《てじゅん》がわかっていないと、ゆったりしてしまうようです。なので、「葉っぱの絵をかいて下さい」「まず葉っぱをかいて、葉脈をかきます」「作業時間は、今から20分です」というように、「手順」「時間」をはっきり伝えることにしました。どのくらい作業時間がのこっているのかわかるように、タイマーを使うと安心《あんしん》です。

やることの手順と、終わりの時間がわかると、やる気スイッチが入りやすいみたい。

CHECK POINT

手順や時間をはっきり示し、できる経験《けいけん》をふやしていく

集中力が続かないタイプの子の場合《ばあい》、作業の手順や時間をはっきりさせ、場合によってはともだちや先生が手伝《てつだ》いながら、「できた！」という経験をふやしていくことが大切《たいせつ》です。

❶さわがしく、気が散るものが近くにある（廊下《ろうか》や窓のそばなど）、本人の集中力がとぎれやすい環境《かんきょう》になっていないか。

❷本人が、先のばしにしないよう、「何を」「いつまでに」「どこまでやるのか」わかりやすく手順と時間が伝わっているか。

❸タイマーを使う、「５分前だよ」と教えるなど、やる気スイッチが入るよう、ひんぱんに作業をうながしているか。

❹本人が大切な作業でミスをくりかえす場合は、ともだちとペアにするなど、工夫《くふう》をしているか。

3
大事なことは、ともだちとペアで

係の仕事は、一人だと忘れてしまうことがあるので、かならずともだちとペアでやってもらうことにしました。いっしょに大事なことをチェックすれば、うっかり忘れることはありません。

一人だと不安だけど、ともだちとペアなら安心してできるよね！

11
むつみさんの場合

うっかり約束《やくそく》を忘れる

むつみさんは、どうやら、ものおぼえが悪い。約束を忘れたり、大切《たいせつ》なものを忘れたり、宿題《しゅくだい》を忘れたり、もちものを忘れたり……。この間《あいだ》は、親友のわかなさんのために、おたんじょう会を計画したのに、むつみさんが忘れて、計画がだいなし！　さすがに、「うっかり」にも、ほどがあるよ。

約束を忘れるのは、なぜ？

もうすぐ、むつみさんの親友のわかなさんのおたんじょうび。めんどうみがよくて、いつもむつみさんを助けてくれるわかなさんのために、むつみさんは、サプライズのおたんじょう会を計画しました。

おたんじょう会、楽しみだね！

わかなさんに喜《よろこ》んでもらいたくて、放課後《ほうかご》、むつみさんの家に集まり、プレゼントの花束《はなたば》を色紙《しきし》でつくります。色とりどりの花束はとてもかわいくて、みんなそのできばえに大満足《だいまんぞく》。わかなさんのおどろく顔を楽しみにしていました。

まわりの人が思うこと

二人は本当に仲良しだよね。いつも、むつみちゃんが忘れものをしたときに、わかなちゃんが貸してあげてるもの。

わかなさん。きっと喜ぶだろうな。むつみさん、グッドアイデアだよね！

まさか、むつみちゃんが来ないなんて……

わかなさんのおたんじょうびの日。みんなは児童館《じどうかん》で待ち合わせをしていました。わかなさんより先に児童館に行き、入口で待ちぶせして、サプライズでプレゼントをわたす計画です。けれども、約束の時間になっても、むつみさんがあらわれません。心配《しんぱい》したりえさんが電話をかけると、むつみさんは、のんびり「どうしたの？」ですって。なんとすっかり約束を忘れて、家でのんびりアニメを見ていたようなのです。

おたんじょうびを忘れちゃったの？

あわててかけつけたむつみさんですが、かんじんのプレゼントをもってきていません。せっかくつくった花束だったのに……。もうすぐ、わかなさんが来るはずなので、取りに戻《もど》る時間はありません。「急いでたから、忘れちゃったの。ごめんなさい」。もうしわけなさそうにあやまりますが、計画はだいなし。みんなはガッカリです。

宿題やプリントも、しょっちゅう忘れる……

ふだんから、むつみさんは、そんな感じなのです。大切な約束をすっぽかすことも多く、わかなさんが待ちぼうけをくらったことは、一度や二度ではありません。

宿題を忘れたり、プリントを出し忘れたり、体操服などもってこなければならない道具《どうぐ》を忘れたり、注意しても忘れものがなくならないので、先生も困っています。

まさか、わかなちゃんのおたんじょうびを忘れちゃったなんて。ちょっと、ありえない！

みんなで心をこめてつくった花束なんだよ。いくらなんでも、ひどすぎない？

ちゃんと人の話を聞いていないのかしら。本当に忘れものも多すぎるのよね。

⑪ むつみさんの場合

なんでこうなるの？

むつみさんは、どう思っているのかな？

大切にしていないわけじゃない

どうしてなのかわからないけど、大切なことも忘れてしまうの。「せっかく、みんなでつくったのに……」とか「わかなちゃんのことを大事《だいじ》に思っていないの？」とか言われると、自分《じぶん》のことがいやになる。どうしてこうなってしまうんだろうって、いつも終わったあとで考えてる。

あせると、よけいに忘れる

わかなちゃんのおたんじょう会を忘れていたことに気がついて、「早く行かなくちゃ！」って思ったら、プレゼントのことも忘れてしまった。いつも、そんな感じ。「ちゃんとしなきゃ」「約束を守らなきゃ」って思っているけど、プレッシャーがかかったり、あせったりすると、よけいに忘れてしまう。

わたしたちのことも、どうでもいいと思っているわけじゃないんだね。そのことがわかって、よかった。

ぼくたちがおこっていたから、むつみさん、よけいにあせって、頭の中が真《ま》っ白《しろ》になっちゃったんだね。

むつみさんには、こんな特徴《とくちょう》があります。

知っておきたい
注意欠如・多動症（ADHD）

大切なことをおぼえておけない

注意を持続《じぞく》させることが苦手なむつみさんは、大切なことをおぼえておくことができません。なので、約束をすっぽかしたり、遅刻《ちこく》したり、忘れものをしたりしてしまいます。

本人は、いっしょうけんめい

ぼんやりしていて、まじめにやっていないように見える場合《ばあい》もありますが、本人なりにいっしょうけんめいに、やっているつもりなのです。けれども、どうしてうっかり忘れてしまうのか自分でもわからないので、本人が一番困っています。

自信《じしん》をなくしてしまう

みんなから「うそつき」と責《せ》められたり、「また！」と冷たい目で見られたり、先生からしかられたりするたびに、本人は反省《はんせい》し、落ちこんでいます。けれども、どうしていいかわからないので、どんどん自信をなくしてしまいます。

言われて、気がつく

「花束は?」とか「宿題を出して」とか言われると、「あっ！忘れた」って気がつくけど、それまではすっかり忘れているの。みんなは、ちゃんと大切なことを、いくつも同時におぼえていられるんだね。すごいなぁ。

約束したことも、宿題があったことも忘れてしまうのね。どうしたらいいのかなぁ。

こうすれば、うまくいきそう！

1 思い出せるように、工夫《くふう》する

約束したら、紙に書いてわたす、目につく場所にはっておく、手に書くなど、むつみさんが思い出せるように工夫しました。また、むつみさんにはメモがはれるスケジュール帳やスマートフォンなどを使って、管理《かんり》する方法を教えました。

自分でもメモをとる練習《れんしゅう》をしているけど、すぐになくしちゃう。ノートにはっておいたり、手に書くのは、いいかも。やってみよう。

2 できるだけ、ひんぱんに声をかける

大切なイベントがあるときには、約束した前の日や、直前《ちょくぜん》に、かならず声をかけることにしました。もちものや時間なども、前に伝えたことをちゃんとおぼえているかどうか、そのときにもう一度確認《かくにん》します。

「明日は、2時に待ち合わせだよ」って、みんなに声をかけてもらえて助かった！

CHECK POINT

ひんぱんに確認、失敗《しっぱい》はすぐに切りかえる！

うっかり忘れてしまうクセを、まったくなくすことはできませんが、少なくする工夫は可能《かのう》です。また、もし失敗しても、カバーする方法を考えられるように、みんなで協力《きょうりょく》できると、いいですね。

❶メモのとり方や保管《ほかん》の方法など、本人が自分で、約束やもちものを管理できるような手段を、教えているか。

❷前日や直前に声をかけ、思い出せるよう確認しているか。

❸うっかり忘れたことを、「ふまじめ」「どうして？」などと責めていないか。まわりのともだちに「わざとじゃない」ということを理《り》解《かい》してもらっているか。

❹失敗しても、気持ちを切りかえて、次のことを考えられるよう、サポートしているか。

3
うっかり忘れても、責めずに切りかえる

むつみさんが大切なことを忘れていた場合、ついついきびしくおこったり、「どうして」と責めたりしがちです。けれども、できるだけみんなで助け合い、次に「どうしたらうまくいくのか」をいっしょに考えることにしました。

みんなで話し合って、プレゼントは、土曜日にわたしの家で、わたすことになったよ。みんなで、わかなちゃんの好きなアニメをみることにしたんだ。楽しい予定《よてい》がふえて、よかった！

12 むつみさんの場合

片付《かたづ》けがじょうずにできない

むつみさんは、びっくりするほど整理整頓《せいりせいとん》が苦手。つくえの中には、プリントやノートがぎゅうぎゅうに押しこまれていて、ぐちゃぐちゃ。だから、大切《たいせつ》なものをなくしちゃうし、いつも何かをさがしているんだ。だらしないのはみっともないし、もっと整理したほうがいいと思うよ！

国語のプリントが見つからない？

ある日の国語の時間、先生の都合《つごう》で自習《じしゅう》になり、昨日《きのう》配《くば》られたプリントをやることになりました。みんなはさっそくとりかかりますが、むつみさんはプリントをなくしてしまったみたい。ずっとさがしています。

ランドセルの中には、ないのかな？

いくらさがしても見つからないので、わかなさんが心配《しんぱい》して、「家にあるんじゃないの？」と聞いたところ、むつみさんは泣きそうな顔で「昨日は、ランドセルの中から何も出していない」と言います。

まわりの人が思うこと

昨日配られたばかりなのに、もう、なくしちゃったの？

ランドセルの中から出していないって、もしかして入れっぱなしなのかな……。

ぐちゃぐちゃだから、簡単《かんたん》にはさがせないよ！

ランドセルから出していないとしたら、学校にあるはず。わかなさんもいっしょにランドセルの中をさがしましたが、プリントは入っていません。「どこに入れたか思い出せない？」と聞くと、「つくえの中に入れたのかも……」と、むつみさん。

つくえの中は、ゴミ箱状態《じょうたい》……

つくえの中はほかのプリントやノートがぎゅうぎゅうに押しこまれていて、簡単にさがせる状態ではありません。とりあえず、中に入っているものを全部《ぜんぶ》出してみることにしました。そしたら、奥《おく》のほうから、ひからびたパンや、ずいぶん前に理科の実《じっ》験《けん》で使った電池《でんち》、図工の時間にかいたデッサンなど、いろんなものが次々と見つかってびっくり！　「まるで、ゴミ箱だね……」と、わかなさんもあきれています。

やっと、見つけたけど……

わかなさんが、しわくちゃになったプリントを一枚一枚、確認《かくにん》していきます。今はもう3学期なのに、夏休み前に配られたプリントや、終わった行事《ぎょうじ》のお知らせ、古いテストなどなど、たくさんの紙の中に、昨日のプリントを発見《はっけん》！　やっと見つかったのはいいのですが、ビリビリにやぶれてしまっていました。いくら整理整頓が苦手だといってもこんな感じでは、べんきょうにも影響《えいきょう》が出てしまいそうです。

整理しなさいって、何度《なんど》も声かけしてるんだけど、やる気がないのかしら。

ひからびたパンが出てくるなんて……。だらしないし、ちょっと不《ふ》潔《けつ》だよね。

ずいぶん前のプリントも、まだつくえの中に入れたままなんだ。どうして捨てないの？

⑫ むつみさんの場合

なんでこうなるの？

むつみさんは、どう思っているのかな？

捨てるタイミングがわからない

片付けが苦手で、なんでもかんでもとにかくつくえの中に押しこんじゃうから、どんどんものがあふれてしまう。

そもそも、何をどのタイミングで捨てたらいいのかもわからない。うちの部屋《へや》も同じ状態なんだ。どうにかならないかなぁ。

どうやったら整理できるの？

「片付けなさい」って言われても、何から手をつけていいのか、やり方がわからないの。みんなは、どうやっているの？　宿題《しゅくだい》のプリントとか、大事《だいじ》なものをなくさないように、わたしでも整理できるやり方を教えて。わかりやすくて、ずっと続けられる方法がいいな。

むつみちゃんの部屋もすごいの。お母さんに、いつも「何とかしなさい！」って、しかられているよね。

わたしは、だれかに習ったわけじゃないけど、自然《しぜん》に整理ができていた。むつみちゃんにはそれがむずかしいんだね。

むつみさんには、こんな特徴《とくちょう》があります。

知っておきたい
注意欠如・多動症(ADHD)

どんどん散らかってしまう

ADHDの人の中には、むつみさんのように、整理整頓が極端《きょくたん》に苦手な人がいます。「分類《ぶんるい》する」「順番《じゅんばん》に片付ける」「元に戻《もど》す」といったことがむずかしいので、どんどん散らかってしまいます。

片付けようとしても片付けられない

整理しようとしても、「どこから手をつけていいのかわからない」「他に気をとられて進まない」「よけいに散らかる」など、自分一人では、片付けることができません。

大事なものをなくしてしまう

どこに何をしまったのかをおぼえていなかったり、元の場所に戻すことを忘れていたりするので、大切なものをなくしてしまいます。そのため、いつも何かをさがしています。

本人は気をつけているつもり

むつみさんは、自分なりに気をつけているつもりなのです。なので、「だらしない」とか「また、なくしたの」などと言われると、そのたびに傷ついています。

だらしないって言われると傷《きず》つく

なんとかしたいって思っているのに、みんなから「だらしない」とか「汚《きたな》い」とか言われると、よけいに傷つく。だらしないって自分《じぶん》でも思う。

わたしのつくえだけぐちゃぐちゃだから、本当に見るのもいやになるの。

たしかに、みんなから「だらしない」「汚い」って言われ続けると、傷つくよね。

⑫ むつみさんの場合

こうすれば、うまくいきそう！

1 まずは、みんなで協力《きょうりょく》して片付ける

これは捨ててOK
これもいらないよ

むつみさん一人では、だんどりよく整理することができないので、まわりの大人やともだちも協力して、片付けることにしました。ランドセル、ロッカー、つくえの中など、順番を決めて、整理し、ぐちゃぐちゃの状態からぬけ出しました。

どうすればいいのか、とほうにくれていたから、手伝《てつだ》ってもらえて助かったよ。

2 整理整頓のルールを設ける

クリアファイル
国語
理科

先生と相談して、「教科ごとに色分けしたクリアファイルを用意《ようい》する」「宿題はクリアファイルにはさむ」「つくえの中に分類できないものを入れる箱をつくる」など、片付けルールを設けました。

きほんは、「置き場所を決めて、使ったら、そこに戻す」だね。がんばってみるね。

CHECK POINT

片付け、整理整頓は、スモールステップで！

くりかえししかったり注意したりしても、この特性は改善しません。また、パーフェクトを求めすぎると、ハードルが高すぎて、いつまでも片付けることができません。できることから少しずつ、協力しながら、取り組んでいきましょう。

❶片付ける場所、保管《ほかん》方法、捨てる日、捨てるものの基準《きじゅん》など、わかりやすい整理整頓のルールが示せているか。

❷とくに大事なものはなくさないように、置き場所を決めているか。

❸本人だけに任せず、まわりの大人やともだちが協力しているか。

❹本人が「捨てる」「捨てない」を判断できないときには、定期的にだれかがチェックしたり、アドバイスしたりできているか。

3 捨てる日をつくる

もちものを、ためこみすぎないようにすることも大切です。「毎週《まいしゅう》金曜日に、いらないプリントは捨てる」というルールも決めました。自分で判断《はんだん》できないときは、わかなさんに相談し、「捨てる」「捨てない」のアドバイスをしてもらうことにしました。

わからなくなっちゃったら、わかなちゃんに相談することにしたから、安心《あんしん》！

この本に出てくる４人のおともだちの、

特徴《とくちょう》を ふりかえってみよう！

4年生　かいとさん

- 忘れものが多い
- うっかりミスが多い
- 好奇心《こうきしん》おうせいだが、次から次へと興味《きょうみ》がうつりやすく、やるべきことがあとまわしになりがち

5年生　ゆかさん

- おしゃべりでエネルギッシュだが、人の話にわりこんだり、よけいなことを言ってしまったりする
- せっかちすぎるところがあり、行動ががさつで、おおざっぱ

4年生　じゅんさん

- おちつきがなく、じっとしていることができない
- すぐにカッとなりやすく、手をだしてしまうこともある
- がまんができず、列に並べない

6年生　むつみさん

- おっとりしていて、いつも、ぼうっとしている
- うっかり約束《やくそく》を忘れたり、大切《たいせつ》なことも忘れたりする
- 整理《せいり》が苦手で、片付《かたづ》けられない

第2章
どこがちがうの？
注意欠如・多動症（ADHD）の子の得意なこと・苦手なこと

注意欠如・多動症（ADHD）とは、どんな障害なのでしょうか。
どうして、うっかりミスや忘れものが多かったり、
がまんできなかったり、じっとしていられなかったり、
うまくいかないことが、目立ってしまうのでしょうか。
理由《りゆう》を知っておけば、いざというときに協力《きょうりょく》し合ったり、
助け合ったり、できるはずです。

1 注意欠如・多動症（ADHD）ってなに？ どんな人たちなの？

脳《のう》の中で情報《じょうほう》を伝えるしくみがみんなとちがう

日本語で注意欠如・多動症などとよばれているADHDは、その名のとおり不注意や多動などを特徴《とくちょう》とする障害です。

行動をコントロールする脳の働《はたら》き（実行機能）にかたよりがあるのではと考えられていますが、くわしい原因《げんいん》はまだわかっていません。最近《さいきん》の研究では、ADHDの人は脳の中で情報を伝える「ニューロン」や「神経伝達物質《しんけいでんたつぶっしつ》」などの働き方がちがうことがわかってきました。

そのため、第1章で紹介《しょうかい》したように、がまんができなかったり、じっとしていられなかったり、集《しゅう》中力《ちゅうりょく》が続かなかったり、大事《だいじ》なことを忘れてしまったり、日常《にちじょう》生活でさまざまな困りごとがでてきてしまいます。ADHD自体《じたい》は生まれつきのものですが、園や学校で、ともだちとトラブルになる、べんきょうについていけなくなるなど、集団《しゅうだん》生活の中で課題《かだい》があらわれる小学校入学前後に、明らかになるケースが多いようです。

「多動」「衝動性《しょうどうせい》」「不注意」三つの特徴がある

ADHDの特徴は、主《おも》に次の三つに分類《ぶんるい》されています。

①多動（じっとしていられない、しゃべり続けるなど）
②衝動性（いきなり行動する、待つことができないなど）
③不注意（注意力が足りない、集中できないなど）

これらの特徴がすべて目立つこともあれば、どれかが目立つ場合《ばあい》もあります。

たとえば、かいとさんは不注意が目立ちますが、多動や衝動性もありそうです。ゆかさんとじゅんさんは、多動と衝動性が前面に出ているタイプ、むつみさんは不注意で困っていますが、多動や衝動性はあまりみられないようです。

こうした特徴が、学校と家など二つ以上の場で12歳までにあらわれ、日常生活に困りごとがある場合に、ADHDの可能性があります。似た特性のある障害と区別するために、専門のお医者さんによる診断が必要になります。「眠れない」「危険な行動が多い」など、困りごとが健康や命をおびやかしている場合に薬を出してくれるのも、お医者さんです。

きびしくしかったり指導しても困りごとは変えられない

ADHDの困りごとを、しつけや本人の努力《どりょく》だけでどうにかすることはできません。トラブルと思われてしまう行動も、けっしてわざとではなく、本人は「なんとかしたい」とがんばっているのです。

それをまわりがわかってあげられず、「乱暴者《らんぼうもの》」「悪い子」「しつけができていない子」などときびしくしかっても、効果がないばかりか、自信《じしん》や意欲《いよく》をうしなわせてしまう悪循環《あくじゅんかん》をまねきます。

ともだちからバカにされたり、トラブルにより孤立《こりつ》してしまうこともあり、本人は、「自分《じぶん》ばかりしかられる」「がんばっても、うまくいかない」「みんなに迷惑《めいわく》ばかりかけてしまう」「どうせ、自分なんて……」などと思い、学校に行きたくなくなってしまうこともあります。

生まれつきの特性だと理解《りかい》してサポーターになろう！

けれども、まわりが本人の努力や悩みを理解し、特性に合わせた工夫《くふう》をすることで、だんだん弱いところをカバーできるようになります。

そして、ゆっくりとでも、その人なりに成長し、自分をコントロールしていくことができるのです。

2 注意欠如・多動症（ADHD）の子には、どんな特徴《とくちょう》があるの？

三つの特徴からADHDを理解《りかい》する

ADHDにはいろいろな個性の子がいて、年齢《ねんれい》や所属《しょぞく》している集団《しゅうだん》によってもあらわれる課題《かだい》が変わってきますが、その特徴は、大きく「多動」「衝動性《しょうどうせい》」「不注意」の三つに分けられています。ADHDの子がどんなことに困っているのか、あらためて、くわしく理解していきましょう。

特徴①じっとしていられず、いつも動いている「多動」

「多動」とは、その言葉《ことば》が示すとおり、動きが多いことです。本人は意識《いしき》していないのに、いつのまにか体が動いてしまいます。場面《ばめん》をわきまえずおしゃべりが止まらなかったり、早口《はやくち》で一方的《いっぽうてき》にしゃべり続けたりすること（多弁《たべん》）も、多動のひとつです。

動いていないと気持ちがおちつかなかったり、次々とやりたいことや話したいことが浮かんだりするため、じっとしていることができません。いくら注意されても、本人の努力《どりょく》ではセーブすることがむずかしいのです。

具体的《ぐたいてき》には、次のような状態《じょうたい》がみられます。

・手足をそわそわ動かしたり、いすの上でもじもじしていたり、つくえをガタガタゆらしたり、おちつきがない。
・集会などでうろうろしたり、授業中《じゅぎょうちゅう》に席《せき》をはなれたり、じっとしていなければいけない場面でも動いてしまう。
・おちついて、人の話を聞くことができない。
・一方的に早口でしゃべる。しゃべりだすと止まらない。
・走ってはいけない場所《ばしょ》で走りまわる。

特徴②結果を考えることなく、行動してしまう「衝動性」

「衝動性」とは、思いついたことについて、考える前に行動してしまうことです。

人が行動するときには、無意識《むいしき》のうちに、その結果を予測《よそく》しながら、動いています。たとえば高いところから飛び降りるときには、「このくらいの高さなら、だいじょうぶ」と判《はん》断《だん》してから、飛んでいます。けれども、衝動性が強いと、前もって考えることができず、「下に降りたい！」と思いついたら、どんなに高くてもおかまいなく飛び降りてしまうのです。つい危険な行動をしてしまったり、カッとなると手がでてしまったり、ブレーキをかけることができません。

具体的には、次のような状態がみられます。

・道路に飛び出す。高いところから飛び降りる。
・順番《じゅんばん》を待つことができない。わりこむ。
・好きなものや興味《きょうみ》のあるものを見つけると、がまんすることができない。
・ほかの人たちがやっていることをじゃましたり、さえぎったりしてしまう。
・質問《しつもん》が終わる前に、だしぬけに答えてしまう。
・内緒話《ないしょばなし》をうっかり人に話してしまう。
・「太ったね」といった、人がいやがることを言うなど、思いついたことをそのまま口にしてしまう。
・人が話しているのに、さえぎって話しはじめる。

特徴③ 一つのことに、しっかりと集中できない「不注意」

「不注意」があると、気が散りやすかったり、うっかりミスが多かったり、注意力や集中力《しゅうちゅうりょく》に課題があらわれます。

授業に集中できないだけでなく、大切《たいせつ》なものを忘れたり、なくしたり、約束《やくそく》が守れなかったり、日常《にちじょう》生活で次から次へと、さまざまなトラブルがおきてしまいます。

具体的には、次のような状態がみられます。

・一つのことに集中して、努力することができない。
・好きなこと、興味のあることが見つかると、やらなければならないことを忘れてしまう。
・授業中や遊んでいるときに、途中《とちゅう》で注意がそれて投げ出す、ゲームなどで自分の順番を忘れてしまうなど、最後《さいご》までやりとげることができない。
・音や話し声に敏感《びんかん》に反応《はんのう》する、刺激《しげき》にすぐに興味をしめすなど、気が散りやすい。
・学校のべんきょうなどで、細かいところまで注意をはらえなかったり、うっかりミスが多い。

じー……

行ってきまーす

・話しかけられているのに聞いていないように見える。
・宿題《しゅくだい》や活動を、順序《じゅんじょ》だてておこなうことが難しい。
・同じことをくりかえすのが苦手。
・指示《しじ》にしたがえないことがたびたびあり、反抗《はんこう》しているわけではないのに、宿題などを忘れる。
・授業に必要なものをなくしてしまう。忘れっぽい。
・連絡《れんらく》ノートの記入やプリントの提出など、毎日しなくてはならないことを忘れてしまう。
・大切な約束を忘れてすっぽかしたり、遅刻《ちこく》したりする。
・ルールがあることを忘れて、自分勝手《かって》と思われる行動をしてしまう。

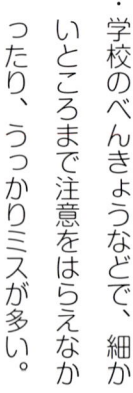

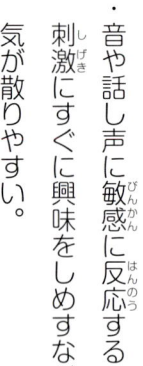

宿題を出してください
あっ!!

ADHDの特性には、よいところも、たくさんある！

学校では問題にされがちなADHDの特性ですが、よい面もたくさんあります。たとえば、多動や衝動性が目立つ子の場合、教室《きょうしつ》で授業を聞いていなければならない場面では、「じっとしていられない」「授業のじゃまをする」などで、困った子のレッテルをはられがちです。けれども、広い社会に出れば「行動力がある」「エネルギッシュ」「活動的」「瞬《しゅん》発力《ばつりょく》がある」「表現力が豊《ゆた》か」など、メリットにもなりえるのです。

また失敗やミスにつながりやすい不注意の特性も、「おっとりしている」「好奇心《こうきしん》おうせい」「想像力が豊か」「独創《どくそう》的《てき》」などの長所につながることがあります。

実際《じっさい》に、企業家《きぎょうか》として事業をたちあげたり、クリエイターとして創作《そうさく》活動をおこなったり、パイオニアとして新しい分野《ぶんや》を開拓《かいたく》したり、ADHDならではの特性をいかして活躍《かつやく》している大人はたくさんいます。ですから、けっして「ADHD＝困った子」ではありません。ADHDの子が自分をじょうずにコントロールできるようになり、特性を強みに変えていくためには、苦手なことをサポートしながら、いいところを伸ばしていく、まわりの応援《おうえん》も大切なのです。

ADHDのほかにも、さまざまな発達障害がある

日本では、ADHDのほか、自閉スペクトラム症（ASD）、学習障害（LD）、トゥレット症候群《しょうこうぐん》、吃音《きつおん》などが、まとめて発達障害とよばれています。

ASDは、コミュニケーションや想像力に特性がみられ、知的障害をともなう場合《ばあい》もあれば、ともなわない場合もあり、とても幅広《はばひろ》いため、「スペクトラム」ととらえられています。

またLDは、聞く・話す・読む・書く・計算する・推論《すいろん》するという、学習に必要な力にかたよりがあるのが特徴です。

発達障害のある子は、いろいろな特性をあわせてもっているケースも多いことが知られています。年齢や環境《かんきょう》などによっても、目立つところがちがうため、専門のお医者さんでも見分けることがむずかしい場合もあります。

3 みんなが楽しくすごせるように、何を手《て》伝《つだ》ってあげたらいいの？

① わざとやっているのではない。困っているのは本人

うっかりミスが多いかいとさんやむつみさんは、「忘れたくない」「ミスをなくしたい」と努力《どりょく》しても、なかなかうまくいかず、自信《じしん》をなくしてしまっていました。また、おしゃべりがとまらないゆかさんは、みんなの迷惑《めいわく》になっていることに気づいていませんでした。オーバーな動きをするじゅんさんは、自分の体がどう動いているのかがわかっていませんでした。

これらの困りごとは、ＡＤＨＤの特性のせいです。きびしくしかったり、注意したりしても、本人たちに困りごとを解決《かいけつ》できるやり方を教えなければ、効果がありません。

② わかりやすくやり方やお手本を示し、できたときにＯＫと伝える

気が散ってパレットが洗えないかいとさんには、洗い方の手順《てじゅん》とゴールの目安《めやす》を。シチューのもりつけが雑《ざつ》なゆかさんには、「お玉に2杯《はい》」など具体的《ぐたいてき》なやり方を。動きがオーバーなじゅんさんには、「今こうだったよ」と実演《じつえん》を。片付《かたづ》けられないむつみさんには、「プリントはファイルに」というルールを。うまくできたときは「それでＯＫ」とサインを出します。

③まわりがサポートできることを考える

忘れものが多いかいとさんには、予備《よび》の文房具《ぶんぼうぐ》や教材を用意《ようい》しました。気が散って授業《じゅぎょう》に集中《しゅうちゅう》できないむつみさんには、刺激《しげき》が少ない席《せき》に移動してもらいました。特性のために授業に参加《さんか》できない、ミスを重ねて自信をなくさないように、できることを考えましょう。

④ふりかえりや課題《かだい》の解決を助ける

カッとなりあばれてしまうじゅんさんがおちついているときに、「なぜそうなったのか」「どうすればよかったか」などいっしょにふりかえり、「今度《こんど》同じことがあったら、どうするか」を考えました。よけいなことを言ってしまうゆかさんの場合《ばあい》、わだかまりをつくらないよう、話し合いあやまる機会《きかい》を設けました。おきてしまったトラブルやミスを責《せ》めるよりも、解決法を考えるほうが建設的《けんせつてき》です。

⑤がんばる目標《もくひょう》は、その人に合わせてスモールステップで！

「多動」や「衝動性《しょうどうせい》」は、大人になるとだんだん収まってくるといわれています。一方、「不注意」は大人になってものこりがちな特性ですが、対策《たいさく》を立てれば自分でカバーできるようになっていきます。だからといって、急にできるようにはなりません。なので、高い目標を立てるのではなく、本人が達成《たっせい》しやすい小さな目標を立てましょう。「よし、できた！」という実感《じっかん》が、本人のやる気になり、がんばるエネルギーになるのです。

先生・保護者のみなさま・大人の読者の方へ

注意欠如・多動症（ＡＤＨＤ）の子どもたちは、みがけば光る、カラフルな原石。今はゴツゴツしているかもしれませんが、その特性をいかし、パイオニアとして新しいことにチャレンジしたり、とてつもない発見をしたり、スポーツ選手として活躍したり、クリエイターとして人を楽しませたり、さまざまな分野で才能を発揮できる可能性を秘めています。

けれども、集団生活の中では失敗をくりかえしたり、しかられたりする機会が多く、自信を失い、悩んでいることも多いのです。

この本に出てくる4人も、さまざまな場面で人知れず苦労していることがわかってもらえたのではないかと思います。

２００５年に「発達障害者支援法」という法律が施行され、これまでは支援の対象となっていなかった発達障害の人を「学校や職場などで支えていこう！」と決められました。また、２０１６年には「障害者差別解消法」が施行され、学校などでの「合理的配慮」が義務づけられました。

学校の中でも、できる範囲でＡＤＨＤの子たちをサポートし、学びやすい環境を整えることが急務となっています。

まわりが理解し、丁寧にかかわっていくことで、ＡＤＨＤの子はゆっくりと成長し、必ず変化していきます。そして、少しずつ自分の苦手なことをカバーできる方法を身につけていきます。また、ブレーキをかけたりセーブしたり、自分の行動をコントロールできるようになっていきます。

大切なのは、みんなで協力して、彼らの成長を見守り、応援するサポーターを増やしていくことです。

まわりの子どもたちには協力し合うことで、自分とＡＤＨＤの子とのちがいを楽しみ、ちがいから学び・考え、共存していくことのすばらしさを体験していってほしいと願います。多様性を知ることは、だれもがみんなかけがえのない存在であることを実感することにつながるからです。

おわりに

個性豊《ゆた》かで、とっても魅力的《みりょくてき》な注意欠如《ちゅういけつじょ》・多動症《たどうしょう》（ＡＤＨＤ）の子どもたち。

だけど、学校など集団《しゅうだん》生活の場面《ばめん》では、
トラブルメーカーと思われてしまったり、
うっかりミスでみんなに迷惑《めいわく》をかけてしまったり、
困りごとや悩みをわかってもらえなかったり、
つらい思いをしていることがあります。

人はだれでも、失敗《しっぱい》をします。
まちがえてしまうことだって、あります。
「いつでもパーフェクト！」なんて、ありえません。

そんなとき、うまくいかなかったことを責《せ》めるのではなく、
おたがいフォローし合ったり、
どうすればうまくいくのか作戦をねったり、
助け合うことができれば、ゴキゲンですね。

それぞれが、できることで力を合わせれば、
どんなことでも、きっと、なんとかなるのです。

参考資料など

『発達と障害を考える本④　ふしぎだね!?　ＡＤＨＤ（注意欠陥多動性障害）のおともだち』
内山登紀夫　監修／えじそんくらぶ　高山恵子　編（ミネルヴァ書房）

『新しい発達と障害を考える本④　もっと知りたい！　ＡＤＨＤ（注意欠陥多動性障害）のおともだち』
内山登紀夫　監修／伊藤久美　編（ミネルヴァ書房）

『新しい発達と障害を考える本⑧　なにがちがうの？　ＡＤＨＤ（注意欠陥多動性障害）の子の見え方・感じ方』
内山登紀夫　監修／高山恵子　編（ミネルヴァ書房）

『実力を出しきれない子どもたち　ＡＤＨＤの理解と支援のために』
田中康雄・高山恵子　著（ＮＰＯ法人えじそんくらぶ）

『おっちょこちょいにつけるクスリ　ＡＤＨＤなど発達障害のある子の本当の支援』
高山恵子　編著／ＮＰＯ法人えじそんくらぶ　著（ぶどう社）

『ＡＤＨＤ脳で人生楽しんでます！　走って転んで、また走る』
あーさ　著（合同出版）

『子ども・大人の発達障害診療ハンドブック　年代別にみる症例と発達障害データ集』
内山登紀夫　編（中山書店）

監修者紹介

内山登紀夫（うちやま　ときお）

精神科医師。専門は児童精神医学。順天堂大学精神科、東京都立梅ヶ丘病院、大妻女子大学人間関係学部教授、福島大学大学院人間発達文化研究科学校臨床心理専攻教授を経て、2016年4月より大正大学心理社会学部臨床心理学科教授。2013年4月より福島県立医科大学会津医療センター特任教授併任。よこはま発達クリニック院長、よこはま発達相談室代表理事。1994年、朝日新聞厚生文化事業団の奨学金を得て米国ノース・カロライナ大学TEACCH部シャーロットTEACCHセンターにて研修。1997～98年、国際ロータリークラブ田中徳兵衛冠名奨学金を得てThe center for social and communication disorders（現The NAS Lorna Wing Centre for Autism）に留学。Wing and Gouldのもとでアスペルガー症候群の診断・評価の研修を受ける。

デ　ザ　イ　ン　大野ユウジ（co2design）
イ　ラ　ス　ト　藤井昌子
D　　T　　P　レオプロダクト
編　集　協　力　尾崎ミオ（TIGRE）
企　画　編　集　SIXEEDS

あの子の発達障害がわかる本③
ちょっとふしぎ
注意欠如・多動症 ADHDのおともだち

2019年3月20日　初版第1刷発行　〈検印省略〉
定価はカバーに表示しています

監　修　者　内　山　登　紀　夫
発　行　者　杉　田　啓　三
印　刷　者　森　元　勝　夫

発行所　株式会社　ミネルヴァ書房
607-8494 京都市山科区日ノ岡堤谷町1
電話 075-581-5191／振替 01020-0-8076

モリモト印刷

ISBN978-4-623-08502-6

Printed in Japan